Die Luxus-Spielkarten der Firma Dondorf, die von dem unternehmenden Lithografen Bernhard J. Dondorf 1833 gegründet wurde und genau 100 Jahre in Frankfurt am Main bestand, werden heute von Sammlern in aller Welt aufs höchste geschätzt und als unerreichte Meisterdrucke der Chromolithografie (mit bis zu 28 Farben) gepriesen. Das in Zusammenarbeit mit dem Deutschen Spielkarten-Museum in Leinfelden-Echterdingen entstandene Buch von Detlef Hoffmann und Margot Dietrich stellt die Dondorf'schen Kartenspiele in Abbildungen und Erläuterungen vor und zeigt ihren Einfluß auf unser heutiges Kartenbild. Eine Darstellung der Firmengeschichte insgesamt und ein umfassender dokumentarischer Anhang ergänzen das erste Buch zu diesem besonders anziehenden Kapitel Spielkarten-Geschichte. So entstand ein für den Sammler unentbehrliches Nachschlagewerk.

Detlef Hoffmann   Margot Dietrich

Die Dondorf'schen Luxus-Spielkarten

Harenberg

Die bibliophilen Taschenbücher Nr. 243
© Harenberg Kommunikation, Dortmund 1981
Alle Rechte vorbehalten
Buchgestaltung: Rolf L. Temming, Braunschweig
Gesamtherstellung: Druckerei Hitzegrad, Dortmund
Printed in Germany

Inhalt

Vorbemerkungen

Inventar-Nummern (Inv.-Nr.) beziehen sich auf die Sammlung des Deutschen Spielkarten-Museums (Abkürzung: DSM) in Leinfelden-Echterdingen.

Bei den Angaben der Formate gilt Höhe vor Breite.

Wenn nicht anders vermerkt ist das Material „Spielkartenkarton" vgl. S. 238.

Aus Gründen der Vereinheitlichung wurde «Lithografie» auch in Zitaten mit «f» statt «ph» geschrieben.

RS = Rückseite

Vorwort

Seit mehr als einem Jahrzehnt wird nicht nur die Erforschung der Spielkarten und ihrer Geschichte, sondern auch das Studium der Regeln alter Kartenspiele intensiv betrieben. Dabei lag das Schwergewicht der Untersuchungen auf der Zeit vor 1800, vor der Industrialisierung der Kartenproduktion. Mit Buch und Ausstellung zur Produktion von Luxusspielkarten der Firma Dondorf von 1833 bis 1933 legen wir eine Untersuchung zur Geschichte der Spielkartenherstellung in unserem und im vorigen Jahrhundert vor. Während bei der Erforschung älterer Zeiten das Kartenmaterial mühsam aufgefunden werden muß, kennen wir von neueren Spielen oft viele Varianten: unterschiedliche Steuerstempel oder Rückseiten, Verpackungen oder Randmarken.

Grundlage dieses Buches ist die Sammlung des Deutschen Spielkarten-Museums in Leinfelden-Echterdingen. Der dortige Bestand an Dondorfkarten konnte durch einen Ankauf des Vereins Deutsches Spielkarten-Museum e. V. im Jahre 1979 erheblich vergrößert werden: die Sammlung Robert Greve. Die besondere Liebe des 1979 verstorbenen Sammlers galt den Dondorf'schen Spielkarten, die er in zum Teil hervorragendem Zustand erwerben konnte. Mit einer weiteren Neuerwerbung konnte der Verein Deutsches Spielkarten-Museum e. V. in letzter Minute noch den Bestand der Sammlung erweitern: Im November 1980 wurde das «Musikalische Spiel» von Dondorf gesteigert. Der Stadt Leinfelden-Echterdingen sei an dieser Stelle für die großzügige Unterstützung des Vereins gedankt. Wie immer haben die Vereinigten Altenburger und Stralsunder Spielkartenfabriken durch ihre Förderung des Deutschen Spielkarten-Museums die dieses Buch begleitende Ausstellung erst möglich gemacht. In einer Zeit, in der Mäzenatentum selten geworden ist, sei für diese Initiative besonders gedankt.

Froh sind wir schließlich, daß die Harenberg Kommunikation Verlags- und Werbegesellschaft das Begleitbuch zur Ausstellung in die Reihe «Die bibliophilen Taschenbücher» aufgenommen hat. Es ist so abgefaßt und bebildert, daß es über die Ausstellung hinaus als ein Nachschlagewerk von Liebhabern und Fachleuten benutzt werden kann. Das Buch wurde auf der Basis der im Deutschen Spielkarten-Museum verwahrten Sammlungen erstellt. Andere wichtige Spiele, die in der Sammlung des Museums nicht vorhanden sind, wurden uns bei den Vorarbeiten für dieses Buch bekannt und konnten aufgenommen werden. Bei diesen Recherchen haben uns viele Spielkartenfreunde unterstützt. Stellvertretend nennen wir Franz Braun, Köln; Felix Alfaro Fournier, Vitoria; die Direktion und die Bibliothekarinnen des Gutenberg Museums, Mainz; Han Janssen, Vught; K. Frank Jensen, Søborg und die Direktion der Firma AG Müller, Schaffhausen.

Dieses Buch ist ein erster Schritt zur Beschreibung einer Spielkartenproduktion des 19. und 20. Jahrhunderts. Viele Lücken blieben offen. Wir bitten alle Leser um kritische Zuschriften, Ergänzungen und Korrekturen.

Detlef Hoffmann   Margot Dietrich

Leinfelden-Echterdingen
Februar 1981

Einleitung

Am Anfang der Geschichte der Spielkarte in Europa stehen zwei wichtige kulturgeschichtliche Entwicklungen: die Einführung des Papiermachens aus dem Orient und die Erfindung des Holzschnitts. Erst der billige Rohstoff Papier und die Fähigkeit, Bilder im Druck zu vervielfältigen, machten die Herstellung eines so komplexen Spielinstruments wie der Karte möglich. Da die ältesten erhaltenen Karten handgemalt sind, stellt man sich gerne vor, ein anfangs von wenigen Wohlhabenden – vor allem Fürsten – benutztes Spiel sei im Laufe der Zeit vom Volk übernommen worden. Diese Vorstellung ist jedoch unbegründet. 1376 bzw. 1377 werden die Spielkarten zum erstenmal in Europa erwähnt, und zwar in Florenz[1]. Am 23. März erläßt die Stadt eine Verordnung zu dem «neu eingeführten» Kartenspiel. Durch diesen Zusammenhang ist die erste Erwähnung der Spielkarte in Europa zugleich ein Beleg dafür, daß zu diesem Zeitpunkt auch das Volk schon Karten spielte; werden doch Verordnungen nur dann erlassen, wenn es die Allgemeinheit und nicht nur einige Wohlhabende betrifft. Die Kartenspielverbote der nächsten Jahre – auch nördlich der Alpen – zeigen, daß in den letzten zwei Jahrzehnten des 14. Jahrhunderts Karten in Spielhäuser, auf Plätzen und in Kneipen einzogen.

Die ältesten erhaltenen Karten sind jünger als diese Nachrichten, stammen aus dem dritten Jahrzehnt des folgenden Jahrhunderts. Sie sind tatsächlich aus fürstlichem Besitz, beste Qualität, in einer guten Werkstatt gemalt. Sie orientieren sich, das ist wohl richtig vermutet worden, an italienischen Vorbildern, die durchaus vom Holzstock gedruckt worden sein können[2]. Neben den Allerweltsspielkarten, die im Holzschnittverfahren gedruckt wurden, gibt es schon in der Anfangszeit der europäischen Spielkartengeschichte Luxuskarten mit besonderen Bildern, unter besonderem technischen Aufwand hergestellt.

Hatten schon einige Autoren des 18. und 19. Jahrhunderts vermutet, die Kartenmacher hätten den Holzschnitt erfunden, so sind die ältesten

Beispiele des Kupferstichs tatsächlich Spielkarten. Der Kupferstecher, der sie gefertigt hat, wird – da man seinen bürgerlichen Namen nicht kennt – «Meister der Spielkarte» genannt. Wahrscheinlich hat man mit diesen Blättern nie gespielt; sie waren Vorlagen für Grafiker, Kuriositäten für Sammler. Weil Luxusspielkarten und Kupferstiche mit Spielkartenmotiven gesammelt und in Truhen und Schränken aufbewahrt wurden, sind sie bis heute erhalten. Die Holzschnittkarten der Kneipen und Spielhäuser hingegen wurden abgespielt, wieder aufgearbeitet und schließlich weggeworfen. Hier ist unsere Kenntnis dementsprechend lückenhaft; mit zuweilen kriminologischem Spürsinn füllen Forscher diese Lücken Stück um Stück.

Während der Kartenmacher bis ins vorige Jahrhundert seine Karten im Holzschnittverfahren druckte, vertrieb die Kupferstichkarten der Grafikhändler. Im Kupferstichverfahren gedruckte Karten weisen grafisch feinere Bilder auf; sie zeigen sowohl kreative Kapriolen als auch inhaltlich Ausgefallenes: Karikaturen zur politischen Lage, Humoristisches und Burleskes, Derbes und Abstruses[3]. Kupferstichkarten haben immer die Tendenz, eine Grafikserie zu sein, Holzschnittkarten sind zum Spielen da.

Diese Zweiteilung gilt – natürlich mit Ausnahmen – bis ins 18. Jahrhundert hinein. Schon die Produktionsweise der Manufaktur[4] hatte der rein handwerklichen Struktur der Kartenherstellung ein Ende gesetzt. Nicht mehr nur die in der Zunft organisierten Handwerker stellten im 18. Jahrhundert Karten her, sondern eben auch Manufakturen, die von absolutistischen Fürsten eingerichtet wurden, um dem Staat mehr Geld zu bringen. Durch protektionistische Steuern wurden die einheimischen Hersteller gegen auswärtige geschützt. Diese Betriebe des 18. Jahrhunderts wurden – ohne erkennbaren Unterschied in der Bedeutung – als «Manufaktur» oder «Fabrik» bezeichnet[5]. Auch zwischen den Bezeichnungen «Kartenmacher» und «Kartenfabrikant» wird um 1800 nicht mehr deutlich geschieden[6]. Der Kartenfabrikant erzeugt und verkauft Karten sehr unterschiedlicher Qualität. Während die üblichen Karten um diese Zeit noch in dem preiswerten Holzschnittverfahren gedruckt werden, verwendet man für die «feinen» oder «sehr feinen» Karten den Kupferstich (oder eine Radiertechnik).

Das 19. Jahrhundert bringt auch für die Spielkartenherstellung einschneidende Änderungen sowohl in der Drucktechnik als auch im gesamten Herstellungsprozeß. Zur fortschreitenden Technik kam die Entwicklung des Geld- und vor allem des Kreditwesens. Rationelle Fabrikation hing in immer stärkerem Maß von den Maschinen ab, die zur

Verfügung standen. Sowohl der Erwerb der Maschinen als auch die Lagerhaltung und der Aufbau eines Vertriebsnetzes erforderten eine langfristige finanzielle Planung, wie sie der einfache handwerkliche Betrieb nicht gekannt hatte. Auf diese Aspekte der Spielkartenproduktion – die wesentlich Aufstieg und Niedergang der Firma Dondorf bestimmten – wird im folgenden hinzuweisen sein[7].

Die drucktechnische Neuerung, welche die Entwicklung der Vervielfältigung von Bildern aller Art im 19. Jahrhundert nachhaltig bestimmt hat, war die Erfindung der Lithografie durch Aloys Senefelder im Jahre 1796. Während der Holzstock und die Kupferplatte mechanisch verändert wurden, damit sie druckten, erhielt der Stein eine chemische Bearbeitung. Mechanische Veränderung: das bedeutet, mit einem Spezialmesser wurden Teile der Platte abgetragen. Beim Holzschnitt drucken – wie bei einem Stempel – die Teile der Platte, die ihre ursprüngliche Höhe behalten haben. Beim Kupferstich werden die Linien, die später auf dem Papier erscheinen sollen, mit einem Stichel in die Platte eingegraben. In diesen «Graben» wird die Druckerschwärze hineingestrichen, die anderen Teile der Platte werden blank poliert[8].

Der Kalkstein dagegen, den man für die Lithografie verwendet, wird nur chemisch bearbeitet. Das chemische Grundprinzip, auf dem die Lithografie beruht, ist jedermann bekannt: Fett und Wasser stoßen einander ab. Die Linie, die später im Druck erscheinen soll, wird mit einer Tinte oder einer Kreide auf dem Stein angebracht. Das Besondere an dieser Tinte bzw. Kreide ist, daß sie u. a. aus Fettstoffen und Ruß besteht. Ist die Zeichnung abgeschlossen, wird die gesamte Steinplatte mit einer Lösung von Gummiarabikum bestrichen. Lediglich die fettigen Linien stoßen die wässerige Lösung ab. Bestreicht man nun den Stein mit fetthaltiger Druckerschwärze, so nehmen nur die fettigen Linien die Schwärze an, die anderen, gummierten Stellen stoßen sie ab. Die Linien können nun gedruckt werden. Schon diese grob vereinfachte Beschreibung der lithografischen Technik macht deutlich, daß dabei nicht nur die Druckplatten schneller hergestellt werden können, sondern daß auf dem Stein sehr viel feiner und differenzierter gearbeitet werden kann als etwa auf der Kupferplatte oder gar dem Holzstock[9].

«Das eigentliche Gebiet der Lithografie, das sie bis vor verhältnismäßig kurzer Zeit fast allein beherrschte, ist der Farbendruck, und zwar kommt als älteste Manier die sogenannte Chromolithografie in Frage», – so beginnt Krüger in seinem Handbuch der «Illustrationsverfahren» von 1914 den Absatz über die farbige Lithografie[10]. Dies ist die für Spielkarten entscheidende Drucktechnik. Fachleute unterscheiden drei

Arten der farbigen Lithografie: den lithografischen Farbendruck, die eigentliche Chromolithografie und den Ölfarbendruck; letzterer spielt für die Spielkartenherstellung keine Rolle. Zum lithografischen Farbendruck rechnet man alle Verfahren des Steindrucks, bei denen die Farben nebeneinander gedruckt werden. Wichtig ist, daß es sich um einheitliche, also nicht in sich differenzierte Farbflächen handelt. Solche Flächen werden auch gelegentlich übereinander gedruckt, um eine neue Farbe zu erzeugen; sowohl die Cartes comiques (vgl. S. 52) als auch die musikalischen Karten (S. 56) wurden in dieser Technik gedruckt. Auch die früheren Formen der Clubkarte (vgl. Abb. 1/2 und S. 138) zeigen diese Technik.

Die eigentliche Chromolithografie arbeitet mit unterschiedlich aufgelösten Farbflächen, die sich mit anderen Farbflächen unterschiedlich vermischen und ergänzen. Von dem Lithografen, dem Arbeiter, der auf die einzelnen Steine mit der Feder oder mit Kreide zeichnet, verlangt diese Technik nicht nur ein höchst akkurates Vorgehen, sondern auch ein ausgeprägtes Farbgefühl. Er muß die Vorlage – ein Aquarell oder ein Ölgemälde – in einzelne Farben zerlegen, die dann, zusammen gedruckt, die Farbigkeit der Vorlage ergeben. Für eine einigermaßen anspruchsvolle Chromolithografie braucht man zwischen sechs und zwanzig Steinen, in vielen Fällen erheblich mehr. Für jene Spielkarte, die zum hundertjährigen Jubiläum der Firma Dondorf gedruckt wurde, verwendete man 28 Steine (S. 128–131).

Entscheidend für das Gelingen dieser Arbeit ist, daß die einzelnen Farb-Steine auch «ganz genau zu- und ineinander passen. Dieses genaue Passen erzielt man, neben den Registermarken, durch die Konturenplatte ...»[11]. Hierzu fertigt der Lithograf eine Pause auf Paus- oder Glaspapier. Diese Pause muß – da sie Grundlage aller Farbplatten wird – jedes, auch das kleinste Detail enthalten. In einem besonderen Verfahren wird diese Pause, die lediglich aus Umrißlinien besteht, auf alle einzelnen Steine übertragen, die eine Farbe drucken sollen.

Sowohl beim Lithografieren jeder Platte als auch beim Druck ist die Reihenfolge der Arbeitsgänge wichtig: man beginnt normalerweise mit den helleren und endet mit den dunkleren Farben. Das Verhältnis von durchscheinenden Lasurfarben und Deckfarben, die kein Durchscheinen erlauben, muß im voraus bedacht, und die Reihenfolge der einzelnen Farben im Druck muß genauestens geplant werden. «Druckt man z. B. Gelb auf Blau, so wird man ein helleres Grün erzielen, als wenn man Blau auf Gelb druckt ... da außer den primären Farben auch sekundäre und tertiäre, d. h. aus Mischung der Grundfarbe blau, gelb und

Abb. 1
Herz-Dame aus dem Spiel S. 138, Farblitho-
grafie der Firma Dondorf, vor 1870, Deutsches
Spielkarten-Museum

Abb. 2
Pik-Bube aus dem Spiel S. 84, Chromolithografie der Firma Dondorf, nach 1870, Deutsches Spielkarten-Museum

rot entstandene Farbtöne bei Herstellung von Chromolithografien zu Öldruckbildern vielfach in Anwendung kommen, so ist leicht ersichtlich, ein wie wertvolles Kapital künstlerisches Verständnis und eine geübte und geschulte Technik seitens der ausübenden Arbeiter sein kann»[12].

Soweit diese kurze Andeutung der Arbeitsschritte zur Herstellung einer Chromolithografie. Einige Hinweise seien noch auf den Druck und die dazu benötigten Maschinen gegeben. Die lithografische Handpresse wurde aus der Kupferdruckpresse abgeleitet und den besonderen Erfordernissen des Steindrucks angepaßt. Mit der «Sternpresse» entwickelte man eine Steindruckmaschine, in welcher der Stein samt Papier mit einem sternförmigen Hebel über den Reiber bewegt wurde. Um 1840 sind 17 verschiedene lithografische Pressen nachweisbar. Anfang der 1850er Jahre fanden die ersten Schnellpressen Eingang in die Betriebe, doch erst in den siebziger Jahren trat die mit Dampfkraft angetriebene Schnellpresse endgültig ihren Siegeszug im Druckgewerbe an.

Die Lithografie – das wurde schon erwähnt – erfand Aloys Senefelder 1796. Er druckte zuerst Musiknoten. Sehr schnell wurden naturkundliche Bilder, die eine besonders hohe Exaktheit erfordern, im Steindruck hergestellt; Max Mayrhofer etwa gab 1807 seine «Bilder von nützlichen und schädlichen Pflanzen zum Unterricht in der Naturgeschichte» heraus, Wagenbauer im gleichen Jahr die «Bilder von den Säugetieren»[13]. Nicht sehr viel jünger sind auch die ersten Spielkarten, die nachweislich im Steindruck hergestellt wurden: Im Jahre 1809 erschien der vierte Kartenalmanach des Verlagshauses J. G. Cotta (Abb. 3). Die vorausgehenden Jahrgänge waren noch im Kupferstich vervielfältigt worden, doch nun verwendete man erstmals den Steindruck. Das die Karten begleitende Heft formulierte dies so: «Diesmal hat sich aber auch noch ganz besonders die Industrie dieser Morgengabe angenommen, und man darf dieser Göttin darüber ein Kompliment machen. Was sonst dem Metalle anvertraut wurde, mußte diesmal der Stein leisten, und er hat es geleistet; getreu und zart gab er, der kalte, harte Stein, die Amoretten und Amorinen wieder, welche der blühenden Phantasie der Zeichnerin entschlüpften . . . , und gab sie mit gleicher Treue tausendfach wieder»[14]. Die Bildkarten dieses Spiels – Könige, Damen und Buben erscheinen ganzfigurig, in arabischen Kostümen – sind unter Verwendung der Schablone von Hand koloriert. Auf gleiche Weise erfolgte auch die Kolorierung der vorgenannten naturwissenschaftlichen Werke.

Die Verwendungsmöglichkeiten der lithografischen Technik waren von Anfang an sehr groß. Die 1807 begründete Aretin-Senefelder'sche

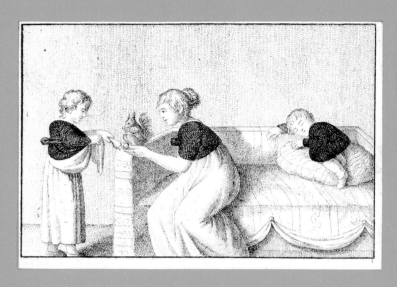

Anstalt, in der fünf Pressen aufgestellt waren, lieferte neben künstlerischen Reproduktionen auch Tabellen, Zirkulare, Landkarten und Regierungsdrucksachen[15]. Doch das ist nicht alles: Geschäftskarten, Wechsel, Wertpapiere, Bilderbücher, geographische Darstellungen, große Tafeln in Form von Haussegen, kalligraphische Musterblätter usw. sind schon im ersten Jahrzehnt des vorigen Jahrhunderts nachweisbar[16].

In den dreißiger Jahren beginnt die Geschichte der Farblithografie. «Senefelder hatte sich schon bemüht, mehrfarbige Blätter herauszugeben. Sein Schüler Franz Weishaupt machte weitere Versuche, bis dann Heinrich Weishaupt, Lehrer an der Feiertagsschule in München, das Verfahren weiter entwickelte und 1837 ein Privilegium auf seine Methode nahm. In demselben Jahr nahm auch Engelmann in Paris ein Privilegium auf den Mehrfarbendruck und gab ihm den Namen Chromolithografie. Hildebrand in Berlin beschäftigte sich 1833 mit dem Farbendruck und gab Werke heraus, wobei manchmal 10–15 verschiedene Platten angewendet wurden»[17].

Während heute besonders die künstlerische Verwendung der Lithografie in der ersten Hälfte des 19. Jahrhunderts, vor allem in Beispielen aus Frankreich, bekannt ist, erklärt sich durch diese Art der Verwendung gerade nicht die erstaunlich schnelle Ausbreitung der neuen Technik. Diese ist – wie Joseph Cramer bemerkt – vornehmlich auf die «Befähigung der Lithografie zurückzuführen, den praktischen Bedürfnissen des täglichen Lebens zu dienen»[18]. Behördliche Drucksachen wurden in staatlichen Druckereien hergestellt. Zu den schon genannten Musiknoten und Tabellen kamen zunehmend Werke in fremder Schrift, Briefbögen und Frachtbriefe, aber auch Visitenkarten, Etiketten und Heiligenbilder (vgl. Abb. 4). Neue Themen und Absatzmöglichkeiten eröffneten sich der Lithografie während der Revolution von 1848/49: neben Porträts traten Witzblätter, Karikaturen, Erinnerungsblätter. Anfang der 1850er Jahre erfolgte dann ein schwerer Rückschlag. Die Konkurrenz der Xylografie, des Holzstiches, machte der einfarbigen Lithografie schwer zu schaffen. Seit der Mitte der vierziger Jahre erschienen bebilderte Wochenzeitungen, als erste die «Leipziger Illustrirte Zeitung», es folgten die «Gartenlaube», «Über Land und Meer» und viele andere. Sie alle waren mit Holzstichen bebildert.

Abb. 3
Pik-3 und Treff-3 des Cotta'schen Kartenalmanachs für 1809, Lithografie, Deutsches Spielkarten-Museum (Inv. Nr. B 555)

In den Bildnisdarstellungen, die in der ersten Hälfte des 19. Jahrhunderts ein wichtiges Gebiet der künstlerischen Lithografie gewesen waren, machte sich nun mit aller Härte die Konkurrenz der Fotografie bemerkbar[19].

Die Technik der Chromolithografie war die Grundlage eines neuen Aufschwungs, der um die Wende zum 20. Jahrhundert seinen Höhepunkt erreichte. Zwar lagen die Anfänge der Farblithografie schon in den vierziger Jahren; besondere Leistungen sind aus München, Frankfurt und Stuttgart überliefert. 1845 berichtete das «Journal für Buchdruckerkunst» von der Allgemeinen Deutschen Gewerbe-Ausstellung in Berlin, daß die Kunst des «lithografischen Buntdrucks mit mehreren verschiedenen Platten in unserem Vaterlande zu einem überraschenden und höchst erfreulichen Grade der Vollkommenheit gelangt sei». Cramer jedoch meint, daß die Ausbreitung der Chromolithografie in Deutschland «nicht allzu rasch» vor sich gegangen sei. Man sehe dies an der hohen Zahl der in den Betrieben beschäftigten Koloristen[20].

«Der Übergang vom handwerksmäßigen zum fabrikmäßigen, großkapitalistischen Betrieb ist dann in den siebziger Jahren durch die allgemeine Einführung der Steinschnelldruckpressen vollzogen worden. Die glänzende Konjunktur, welche durch die Reichsgründung das gesamte wirtschaftliche Leben Deutschlands befruchtete, führte auch im Steindruckgewerbe zu einem nahezu zwei Dezennien andauernden großartigen Aufschwung, wie er seitdem nicht wieder erlebt worden ist. Diese Blütezeit verdankt das Gewerbe in erster Linie der Nutzbarmachung der Chromolithografie für das Gebiet der Luxuspapierfabrikation»[21].

Die Artikel, die in chromolithografischer Technik gedruckt wurden, spiegeln die Formen bürgerlicher Kommunikation in Wilhelminischer Zeit: Gratulations- und Tischkarten, Heiligenbilder, Bilderbogen, Öldruckbilder, reliefierte Bilder (Preßbilder, Oblaten), Märchenbilder, Papeterien mit Bildern und Prägung, Verpackungspapier für Bonbons, Schokoladen und Parfümerien versehen mit reichem Gold- und Farbendruck, Speisekarten, Wandsprüche, Bilderbücher, Bunt- und Vorsatzpapiere, Blumentopfhüllen, Plakate, Wunschkarten und etwas später, seit Ende der achtziger Jahre, Ansichtskarten (vgl. Abb. 5). Im chromolithografischen Druck war Deutschland führend[22], deutsche Betriebe exportierten in alle Welt, Farbdruckbilder vor allem in die USA; dreiviertel der chromolithografischen Produktion wurde ins Ausland verkauft. Spielkarten waren, wie Abziehbilder, ein Spezialfach, für das die Firmen besondere Anlagen und Arbeitskräfte brauchten. Der schnelle Aufschwung des Lithografiegewerbes in den siebziger und achtziger Jahren

Abb. 4
Eintrittskarte, Lithografie der Firma Dondorf, 1842, Historisches Museum
Frankfurt/M.

Abb. 5
Werbekarte für die Firma Bing jun., die auch Dondorf'sche Spielkarten vertrieb;
Chromolithografie von Kornsand Frankfurt, Hist. Mus. Frankfurt/M.

führte zu einer Vergrößerung vorhandener Betriebe; während die Zahl der reinen Steindruckereien abnahm, stieg die Zahl der Betriebe, die Steindruck und Buchdruck kombinierten. Um die Jahrhundertwende konnte man im lithografischen Gewerbe die folgenden zehn Produktionsgruppen unterscheiden:

1. Luxuspapierfabrikation
2. Reklameartikel und Verpackungen
3. Zigarrenausstattungen
4. Postkarten-Industrie
5. Keramische- und Abziehbilder-Industrie
6. Geographische Anstalten
7. Anstalten für Bilderbücher, Spiele etc.
8. Notendruck
9. Kaufmännische Formulare
10. Lohndruckerei[23].

Vor diesem Hintergrund ist die Geschichte der Firma Dondorf zu sehen, einer lithografischen Anstalt, die Spielkarten unter vielen anderen Produkten hergestellt hat. Dondorfs Berühmtheit als Spielkartenhersteller liegt darin, daß die Firma die große Beliebtheit des chromolithografischen Druckes für die Spielkarte genutzt hat. Zu dieser Zeit ist die Firma B. Dondorf jedoch schon etwas weniger als ein halbes Jahrhundert alt.

Bernhard J. Dondorf (eigentlich Doctor) wurde am 19. 3. 1809 in Frankfurt am Main geboren. Seine Ausbildung erhielt er in Frankfurt bei der Druckerei Naumann sowie in Paris und Berlin[24]. Am 2. April 1833[25] gründete er in Frankfurt, in der Saalgasse, seine lithografische Anstalt. Bernhard Dondorfs sehr vielfältige Unternehmungen werden bei Durchsicht der «Journals für Buchdruckerkunst, Schriftgießerei und die verwandten Fächer» deutlich. Am 1. Februar 1835 erscheint ein Artikel «Über das Gravieren in Stein». Der Verfasser verbindet die Beschreibung seiner neuen Methode mit der Anzeige, daß die für die Steingravur notwendigen Steine bei ihm bezogen werden können[26]. Im Verlag von Johann David Sauerländer erscheint 1836 sein Buch «Die Graviermanier oder der Steinstich». Aus einem Text, in dem Dondorf sein Buch zur Subskription anbietet[27], geht hervor, daß er seit 1828 an dieser Technik arbeite. Sein Buch, so schreibt er, sei zugleich ein «theoretisch-praktisches Lehrbuch der Kalligraphie»; wieder schlägt er möglichst viele Fliegen mit einer Klappe. 1839 bietet er eine «neue Vorrichtung für Lithografen zu fort- und ineinanderlaufenden Kreisen in geraden und Zirkel-Linien . . .» an, Proben sind in der Nummer des

Journals abgebildet[28]. Obwohl die Steingravur durchaus nicht allein Dondorfs Erfindung ist, wacht dieser mit Eifersucht über seine verschiedenen technischen Neuerungen. 1840 unterzieht er Engelmanns grundlegendes Werk über die Lithografie, das 1839 erschienen war, einer herben Kritik, da die Beschreibung seiner, also Dondorfs Maschinen dem Stand von 1835 entspreche. (Damals war Engelmann zwei Monate in Frankfurt gewesen und hatte eine Maschine gekauft, die im Mai des Jahres in seine Werkstatt nach Mühlhausen gebracht worden war.) Aus Dondorfs Kritik spricht der Kaufmann, dessen Novitäten nicht die notwendige Erwähnung gefunden haben, sehr viel deutlicher als der Drukker, der an der Vervollkommnung seiner Technik arbeitet[29].

Da Bernhard Dondorf nach Neuheiten im grafischen Gewerbe Ausschau hielt, blieb ihm auch das Daguerreotyp nicht verborgen. In dem nun schon mehrfach erwähnten «Journal für Buchdruckerkunst, Schriftgießerei und die verwandten Fächer» empfiehlt er sich 1839 in einem Inserat «zu Aufnahmen aller Art an beliebigem Ort». Die «Maschine», heißt es da, habe er von Daguerre erhalten[30]. Im Dezember des gleichen Jahres bietet er Daguerreotypen an: «Ich zeige hiermit an, daß ich diese Maschinen, welche sowohl für den Künstler, als für den Liebhaber der Zeichenkunst vom größtem Interesse sind, fertige»[31]. Ausführlich stellt er die mannigfachen Verwendungszwecke dieses frühen Fotoapparats dar.

Von Dondorfs Tätigkeit als Kaufmann künden viele Preislisten, die er im Journal für Buchdruckerkunst abdrucken läßt. Er bietet 1835 Kreidepapiere an, anscheinend aus eigener Produktion, denn er firmiert unter «Kreidepapier-Fabrik von B. Dondorf»[32]. 1837 bietet er verschiedene Kreiden an, die er aus Frankreich bezogen hat[33]. 1838 legt er zum erstenmal ein breites Sortiment an Maschinen für Drucker unter der Überschrift «Preis-Courant der Buchdruckerei-Utensilien von B. Dondorf» vor[34]. Die Nr. 1 des Journals für Buchdruckerkunst von 1840 hat als Beilage einen sechsseitigen Preis-Courant der Firma Dondorf. Von lithografischen Sternpressen, eisernen Pressen, Kupferdruckpressen über eiserne Glänzpressen, Maschinen zur Steingravur, lithografische Steine, Kreiden und Tuschen bietet Dondorf alles, bis zu Visiten- und Adreßkarten, Formularen für Wechsel, Rechnungen, Frachtbriefe, zu Weinetiketten, Papeterien, Oblaten, lithografischen Blättern nach

Abb. 6
Vier Karten aus einem «Vier Erdteile Spiel», Lithografie schabloniert, um 1840, Dondorf (?), Sammlung Temperley, Birmingham

Abb. 7
Werbekarte für C. Naumann, nach 1840, Historisches Museum Frankfurt/M.

bedeutenden Künstlern, Farben und Papieren an. Auf diesem Preis-Courant von 1840 werden auch Spielkarten mit dem folgenden Text erwähnt:

«Ich empfehle zugleich meine Spielkartenfabrik für alle möglichen Sorten und Manieren in geschmackvollster Zeichnung, sorgfältiger Arbeit und von ausgezeichnetem Papier, so wie alle für diese Branchen nöthigen Utensilien, Formen, Farben, Papiere, Platten, Zeichnungen, Mussirungen in vorzüglichster Qualität zu möglichst billigen Preissen. Die Verkaufs-Niederlage meiner Spielkarten ist bei Bing jr. & Co. in Frankfurt a. M.»[35] (vgl. Abb. 5 und 6).

Aus dieser Preisliste geht hervor, daß es Bernhard Dondorf gelungen war, innerhalb von wenigen Jahren einen Betrieb auf die Beine zu stellen, der alles anbot, was mit Druck, insbesondere Steindruck, zu tun hatte. Leider haben sich bisher keine Dondorf'schen Spielkarten aus dieser frühen Zeit nachweisen lassen, obwohl es scheint, daß er auch auf diesem Sektor schon ein breites Sortiment hatte aufbauen können. Sicher verfügte er über gute internationale Verbindungen, vor allem nach Frankreich, das zu dieser Zeit in der Lithografie führend war.

Im Juli 1843 bietet Dondorf Mustersammlungen an: «Ich mache Ihnen hierdurch Anzeige, daß ich, von mehreren Seiten dazu aufgefordert, mich veranlaßt finde, vierteljährlich eine Sammlung von Arbeiten, welche in meinem Atelier gefertigt werden, herauszugeben.» Die nun folgende Aufzählung zeigt die ganze Breite seines Sortiments[36].

Wie es scheint, war es die Steingravur, auf die Dondorfs Erfolg in den 1830er Jahren gründete. Wagner weist darauf hin, daß die Dondorf'sche Anstalt wesentlichen Anteil an Frankfurts führender Stellung in der «Gravur auf Stein in merkantilen Sachen» hatte[37]. Cramer bezeichnet Frankfurt als die «Hochburg» der «Merkantil-Lithografie». Die Anstalt von B. Dondorf, «gestützt auf ihre Mitarbeiter Klimsch, Köbig und Krutthofer» habe «wahre Meisterwerke in Ornamentik und lithografischer Schrift», geliefert. «Klimsch und Köbig waren die besten Zeichner und Graveure der damaligen Zeit für merkantilistische Arbeiten, während man Krutthofer weit und breit als den besten Schriftlithografen kannte»[38].

Seit den frühen fünfziger Jahren sind besonders qualitätvolle Beispiele der von Cramer so genannten «Merkantil-Lithografie» nachweisbar: Geldscheine. Die ausgefeilte Technik der Steingravur war in hohem Maße dazu geeignet, Geldscheine mit Ornamenten und Musterungen zu versehen, deren Einmaligkeit und Kompliziertheit Fälschungen erschwerte, wenn nicht gar unmöglich machte. Im Münzkabinett des Hi-

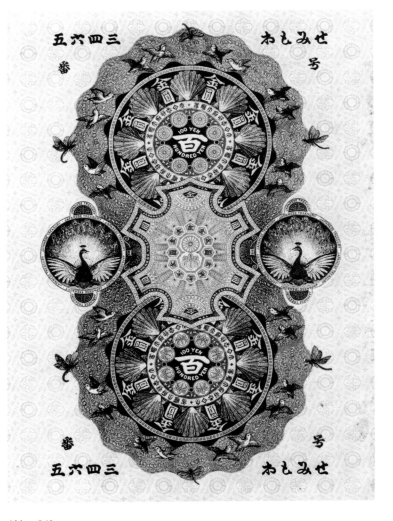

Abb. 8/9

Vorder- und Rückseite eines japanischen 100-Yen-Scheins, Andruck der Firma
Dondorf, vor 1874, Historisches Museum Frankfurt/M.

27

Abb. 10/11

10- und 1-Yen-Schein, Andruck der Firma Dondorf, vor 1874, Historisches Museum Frankfurt/M.

Abb. 12
Werbeblatt für C. Naumanns Druckerei, Partner von Dondorf bei der Fertigung
von Papiergeld, Dezember 1883, Historisches Museum Frankfurt/M.

Abb. 13
500-Lire-Schein, Andruck der Firma Dondorf, um 1870, Historisches Museum
Frankfurt/M.

Abb. 14 bis 17
Aus der Fotomappe für das Königreich Italien nach Zeichnungen von Hermann Junker, 1869, Gutenberg-Museum, Mainz.
14: Titelblatt, unten links das Dondorf'sche Firmengebäude
15: Spielkarten-Kleberei der Firma Dondorf
16: Druckerei mit Handpressen, links Sternpressen
17: Druckerei mit Schnellpressen

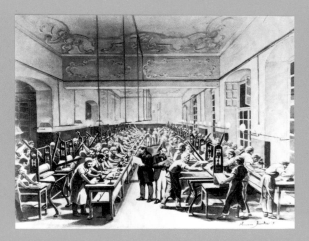

storischen Museums Frankfurt befindet sich ein Klebeband mit Entwürfen und Andrucken von Geldscheinen aus Dondorfs Betrieb aus der zweiten Hälfte des vorigen Jahrhunderts. Zu den frühen Beispielen zählt «Ein Thaler Courant» des Fürstentums Waldeck, nach 1854. Zu den berühmtesten Entwürfen (und Aufträgen) gehören die Geldscheine für das Königreich Italien (Abb. 13) und das Kaiserreich Japan (Abb. 8/11), Aufträge, die Dondorf gemeinsam mit der Druckerei Naumann in Frankfurt (Abb. 7 und 12) durchgeführt hat. 1869 zeichnete der Frankfurter Maler Hermann Junker den Herstellungsprozeß für die Geldscheine. Junkers Zeichnungen wurden fotografisch vervielfältigt; auf dem Titelblatt der Mappe ist unten links die Firma B. Dondorf abgebildet (Abb. 14–17). Diese Mappe wurde der Staatsbank des Königreichs Italien als Geschenk von Dondorf und Naumann überreicht[39].

Schon die Technik dieser Mappe, die Fotografie, macht deutlich, daß Dondorf sich nicht ausschließlich der Lithografie bediente. Nachgewiesen sind sowohl Serien mit «fotografischen Prachtblättern»[40] nach Originalzeichnungen – also im Prinzip das gleiche wie die Geschenkmappe für die italienische Staatsbank – wie auch Städteansichten im Stahlstich[41].

Sowohl mit den Geldscheinen als auch mit den Reisebildern im Stahlstich haben wir nun endlich die ersten nachweisbaren Zusammenhänge zu der Spielkartenproduktion erreicht. Der Hanauer Maler Friedrich Karl Hausmann, der mit Bernhard Dondorf befreundet war, hat nicht nur Entwürfe für das japanische Papiergeld gemacht, er hat auch die Luxus-Spielkarte «Vier-Erdteile» (Abb. 6 und S. 58–63) entworfen. Es ist wahrscheinlich, daß die Entwürfe schon Ende der 1850er Jahre entstanden. Die ältesten Beispiele dieser Spielkarten sind die Andrucke, die sich im Historischen Museum Frankfurt befinden. Die Technik der Andrucke scheint noch der Stahlstich zu sein. Das paßt mit den Daten zur Entwicklung der Chromolithografie zusammen, die sich erst Ende der sechziger Jahre allgemein durchsetzte.

Bevor nun ausführlicher auf die Spielkartenproduktion eingegangen und in diesem Zusammenhang auch die Geschichte der Firma in der Weimarer Republik behandelt wird, sei kurz auf die weitere allgemeine Firmengeschichte bis zum Ende des Kaiserreichs verwiesen: Bernhard Dondorf leitete den Betrieb bis 1872. Mit dem Umzug aus den Räumlichkeiten in der Saalgasse in den neu errichteten Fabrikbau in der Bockenheimer Landstraße 136 hatte sein Lebenswerk einen sichtbaren Höhepunkt erreicht[42]. Dieser Umzug scheint eine Voraussetzung für die nun in breitem Umfang einsetzende Luxuspapierfabrikation gewesen zu

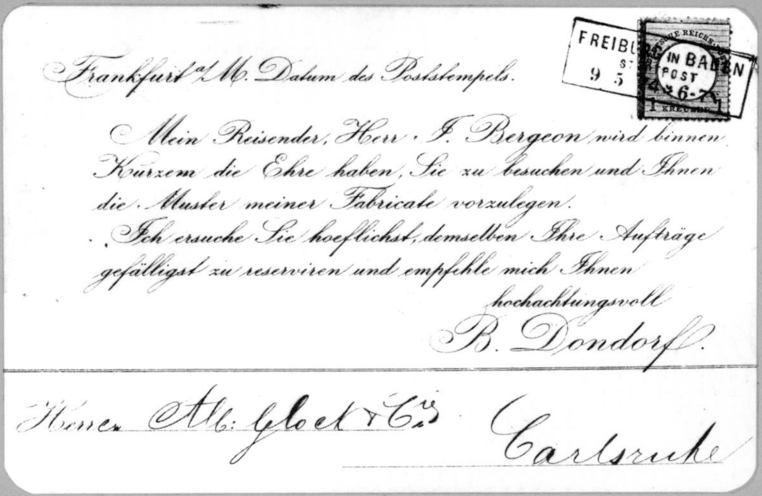

Frankfurt a/M. Datum des Poststempels.

Mein Reisender, Herr J. Bergeon wird binnen
Kurzem die Ehre haben, Sie zu besuchen und Ihnen
die Muster meiner Fabricate vorzulegen.
Ich ersuche Sie hoeflichst, demselben Ihre Aufträge
gefälligst zu reserviren und empfehle mich Ihnen

hochachtungsvoll

B. Dondorf.

Herrn Ad. Gloet & Cie   Carlsruhe

Abb. 18
Ankündigung eines Vertreterbesuchs der Firma Dondorf, 1874, Privatsammlung

sein. Nachrufe auf Bernhard Dondorf bei dessen Tod 1902 heben hervor, daß die Firma «besonders auf dem Gebiet der Luxuspapierfabrikation . . . hervorragendes geleistet» habe[43].

Im Juli 1872 ging die Firmenleitung in die Hände seiner Söhne Carl und Paul Dondorf sowie des Schwiegersohnes Jacob Fries über[44], der allerdings 1890 aus der Firma ausschied. Von 1890 bis 1895 wurden weitere Neubauten in der Bockenheimer Landstraße 136 errichtet.

Sieht man Klimschs Adreßbücher durch, so ergibt sich, daß Dondorf 1890 als «Stein- und Kupferdruckerei, Verlagsgeschäft und Spielkartenfabrik» firmiert, 1895 als «Chromolithografische Anstalt, Steindruckerei, Luxus- und Chromopapierfabrik» sowie als «Spielkartenfabrik». 1904 findet sich die gleiche Eintragung, hinzu tritt der Hinweis, daß die Spezialität der Firma chromolithografische Arbeiten für eigene und fremde Verlage sei, als weitere Spezialität wird auch auf die Spielkartenfabrikation hingewiesen. Auch 1920 und 1928 ist der Eintrag im wesentlichen der gleiche. Das bedeutet, daß die Spielkartenfabrikation weitgehend in die Luxuspapierfabrikation integriert war. Die einzelnen Fabrikationszweige der Firma werden in einem Bericht aus der Zeit nach 1933 so geschildert:

«Die Fabrikationszweige erstreckten sich auf Chromolithografie und Steindruck, auf die Herstellung von Papierausstattungen, Chromo- und Umdruckpapieren. Insbesondere wurden Spielkarten, Gesellschaftsspiele, Gratulationskarten, Postkarten und religiöse Darstellungen für eigenen und fremden Verlag hergestellt. Die Fabrikation von Spielkarten hatte inzwischen größeren Umfang angenommen. Es ist nicht bekannt, wann mit der Herstellung von Spielkarten begonnen wurde, vermutlich schon sehr bald nach Eröffnung des Betriebes. Die Herstellungsweise beschränkte sich damals auf Handarbeit und war von den jetzigen Methoden sehr verschieden. Der Druck von Zeichnung und Gestein erfolgte auf Handpressen. Die bunten Wirkungen wurden mit Hilfe von Schablonen durch Auftragen von Wasserfarben erzielt. Da aber diese Farben nicht wasserfest waren, ging man nach und nach zu vielfarbigem Steindruck über. Der Karton wurde in Bogen geklebt. Zum Schneiden der Karten dienten Rollscheren und andere Handschneidmaschinen. Inzwischen ist die Herstellung von Spielkarten durch die Anwendung neuerer Methoden auf bedeutende Höhe gebracht worden und hat sich dadurch einen festen Kreis von Abnehmern im In- und Ausland gesichert. Eine besondere Pflege erfuhr der Export von Spielkarten. In den nordischen Ländern Dänemark, Norwegen und Schweden z. B. wurde vor dem Kriege fast der gesamte Spielkarten-Bedarf durch die Firma Dondorf gedeckt. Ebenso war ein sehr gutes Absatzgebiet Niederländisch-Indien, das auch heute noch trotz der starken japanischen Konkurrenz größere Mengen abnimmt.

Auch die Abteilung Papierausstattungen hat nach und nach einen größeren Umfang angenommen. So wurden z. B. die für die Herstellung von Briefkassetten erforderlichen Arbeiten im Hause selbst ausgeführt; die Firma besaß auch eine größere Kartonagen-Abteilung. In der Kouvertfabrikation war sie eines der ersten Unternehmen, das mit Kouvertmaschinen arbeitete.

Die Papierstreicherei fabrizierte für eigenen und fremden Bedarf und hat besonders für die Herstellung von Autographie- und Umdruckpapieren sowie von hochwertigen Kartons für die Uhren und Goldwarenindustrie große Bedeutung in Verbraucherkreisen erlangt. Auch in dieser Abteilung wurde die früher übliche Bogen-Handarbeit allmählich durch Maschinenarbeit in Rollen ersetzt»[45].

Mit dem Umzug in die neuen Räume in der Bockenheimer Landstraße 136 scheint auch die Grundlage für eine breite, vielfältige Spielkartenproduktion gelegt worden zu sein. Die Dondorf'sche Produktion vor 1870 wird aus einem Musterbuch im Firmenarchiv der Schweizer Spielkartenfabrik AG Müller in Schaffhausen anschaulich[46]. Der alte Herr Müller hat dieses Musterbuch selber angelegt, wohl um eine Übersicht über das Sortiment der Konkurrenz herzustellen. Ein zweites Musterbuch muß um 1870 datiert werden. Die Karten der frühen Zeit, deren erste Auflage vor oder um 1870 datiert werden kann, bildet die erste Gruppe unseres Kataloges (S. 52 bis S. 83). Wie bei der «Vier-Erdteile»-Karte kann es dabei durchaus vorkommen, daß die älteste Auflage noch im Stahlstich, spätere in der Mehrfarbenlithografie und erst noch spätere in Chromolithografie gedruckt wurden. Geändert hat sich jeweils die Technik, das Bild, die einzelnen Motive sind immer die gleichen. So kann man diese erste Gruppe als noch in der Saalgasse hergestellt betrachten.

Für die Zeit des Kaiserreiches ließen sich zeitlich zwei Gruppen bilden, die erste umfaßt den Zeitraum zwischen 1870 und 1905, die zweite den zwischen 1906 und 1918. Die Zäsur 1905 ergibt sich dadurch, daß in diesem Jahr Dondorf in eine GmbH umgewandelt wurde, auf allen nach diesem Zeitpunkt gedruckten Spielen firmierte Dondorf – übrigens meist auf dem Treff-Buben – als GmbH. Aus der Zeit um 1900 liegt zudem ein drittes Musterbuch aus dem Archiv der AG Müller vor.

Der älteste bisher bekannte gedruckte Firmenkatalog kann durch die beigefügte Preisliste auf das Jahr 1912 datiert werden[47]. Zwei weitere

Kataloge – gleiches Format, gleicher Einband – sind wohl später zu datieren, weil sie zwei weitere Kartenbilder über den Katalog von 1912 hinaus enthalten[48].

Die Zeit nach 1870 ist nicht nur in der Dondorf'schen Fabrikation, sondern in der gesamten deutschen Spielkartenindustrie die Glanzzeit der Chromolithografie. Nach 1870 wurde die Fabrikation zunehmend industrialisiert; 1883 liefen bei Dondorf – in der gesamten Produktion – neben 12 Handpressen auch 9 Schnellpressen[49]. Lediglich in Österreich wurde weiter im Stahlstichverfahren gedruckt, «da für lithografisch gedruckte Karten eine höhere Stempelsteuer erhoben wurde»[50]. Der hohe Kapitalaufwand für die Modernisierung der Betriebe begünstigt die Konzentrationsbewegung – auch in der deutschen Spielkartenindustrie: Von 66 Fabriken im Haushaltsjahr 1879/80 sank die Zahl auf 33 im Jahre 1897/98. Sie erreichte ihren Tiefpunkt mit 23 im Jahre 1910/11[51]. Legt man die Produktionsmenge zugrunde, so kommt man mit Otto von Blanquet zu folgendem Schluß: «Zu Beginn des Weltkrieges war die Struktur der deutschen Spielkartenindustrie . . . derart, daß eine große Gesellschaft fast monopolistisch den Markt beherrschte, in dem ihre Betriebe in den Jahren 1910–13 durchschnittlich etwa 60% der deutschen Spielkartenerzeugung lieferten, während etwa 11 kleinere Unternehmungen sich den Rest der Gesamterzeugung teilten»[52]. Zu diesen kleineren Unternehmungen gehörte auch die Dondorf'sche Fabrik, die ja nicht wie die übermächtige Stralsunder Gesellschaft nur Spielkarten herstellte. Die Chance der kleineren Betriebe lag im Besonderen; Dondorfs Besonderheit waren die Luxusspielkarten.

Die Erfahrungen der Firma in der Luxuspapierfabrikation im weitesten Sinne kamen seit dem Ende der siebziger Jahre voll den Spielkarten zugute; diese Erfahrung wurde die Grundlage für die unverwechselbare Qualität der Dondorf'schen Karten, die wie andere Luxuspapierfabrikate die Gestalt schriftlicher und bildlicher Kommunikation des Bürgertums bestimmten.

Der Begriff «Luxus-Spielkarten» weist jedoch nicht nur auf die hohe Druck- und Fertigungsqualität, er weist auch auf die immer neuen zeichnerischen Innovationen hin. Das Bürgertum, das mit Hilfe von Tisch- und Speisekarten, mit Preßbildchen und Neujahrskarten, mit prächtigen Zigarrenkisten und duftigen Parfümerie-Verpackungen, mit gefühlvollem Briefpapier und Visitenkarten voll verhaltener Eleganz kommunizierte, benutzte nicht die billigen Spielkarten der Kneipen mit ihren zur Genüge bekannten Bildern: Novitäten waren gefragt, auf der Höhe des Zeitgeschmacks.

Abb. 19
Andruck des Spiels S. 86, Detail, vor 1894, Deutsches Spielkarten-Museum

Ein Kartenbild kann die unterschiedlichsten Verwendungen in Spiel und Repräsentation finden. Besonders guten Aufschluß geben die Firmenkataloge von 1912. Je nachdem für welche Kartenspiele der Satz Karten gepackt wird, differiert die Anzahl zwischen 32, 36, 40 und 53. Je nach dem beliebtesten Spiel wird dann das Blatt benannt; ein 36-Blatt-Pack kann Tapp oder Piquet heißen; 40-Blatt-Packs heißen L'Hombre, das vor allem in Dänemark noch sehr lange gespielt wurde; 53 Blatt, also ein 52-Blatt-Spiel und 1 Jocker, heißen meist Whist, später Poker oder Bridge. Bei gleichen Bildkarten unterscheiden sich die Vertriebsnummern nach Anzahl der Karten; aber auch die Rückseiten – deren Ausgestaltung oft viel ornamentale Phantasie verlangte – können sich – bei gleichen Vorderseiten – unterscheiden, mal prächtiger, mit vielen Farben (dann hat das Pack auch Goldschnitt, zumindest Goldekken), mal einfacher, mit wenigen Farben. Neben dem üblichen Format gibt es auch das kleinere Patienceformat, auch das hat – bei gleichem Bild – eine andere Produktionsnummer.

Natürlich fertigt die Firma Dondorf auch Standard-Spielkarten, also Karten mit dem traditionellen, in einer bestimmten Landschaft beheimateten Bild. Doch wird auch hier nicht irgendeine Vorlage stur nachgedruckt, auch Standardbilder werden neu gezeichnet. Als gute Beispiele hierfür können die Birma-Karte (S. 150) und einige Spiele mit deutschen Farben (S. 168 bis S. 170) dienen. Vorbilder sind immer erkennbar, die gesamte grafische Erfindung ist jedoch neu. Die Übergänge sind fließend.

Die Unterschiede zwischen der weitgehend neu konzipierten Birma-Karte, der Karte mit Internationalem Bild für den Export nach Portugal (S. 152) und dem Pokerbild aus der Zeit vor 1906 (S. 154) fallen zwar sehr deutlich auf, das Standardbild ist jedoch immer spürbar. Die Pokerkarte zeigt das Standardbild, wenn auch mit mehreren kleinen Varianten.

Ein besonderes Problem für die notwendige Unterteilung in Standardbilder und den «Rest» (im Englischen wird der «Rest» non-standard-cards genannt) stellen jene Karten dar, die von Dondorf als «Luxuskarten», also nicht als Standardbilder herausgebracht wurden, die aber – meist in den Ländern, in die sie exportiert wurden – den Charakter von Standardbildern bekommen haben. Das trifft für jenes in unzähligen Varianten über ganz Europa verbreitete Blatt, das wir «Das Dondorf'sche Standardbild mit französischen Farben» genannt haben (S. 132), genauso zu wie für «Dondorfs Club Karte», die man – wegen ihrer Verbreitung in den Niederlanden – «Holländisches Bild» nennen könnte (S. 138). Standardbilder dieser Art wurden auch für den Export nach Spanien und Portugal (S. 182) gefertigt.

Mit der Frage nach den Standardbildern oder – wie sie von den Zeitgenossen genannt wurden – «Gebrauchsspielkarten» kommen wir in die letzte Phase der Firmengeschichte, die Zeit von 1918 bis 1933. Der Erste Weltkrieg und die Inflationszeit bedeuteten eine Hochkonjunktur für die Spielkartenerzeuger. Mit einigen Zahlen sei dies belegt: Im Haushaltsjahr 1916/17 erreicht die Zahl der versteuerten Spiele bis 36 Blatt mit 8 215 774 Stück ihren absoluten Höhepunkt, 1918/19 ist mit 1 085 122 Stück der absolute Höhepunkt der Spiele mit über 36 Blatt erreicht; das ist gleichzeitig auch der Höhepunkt aller versteuerten Spiele (9 098 453). Während in den folgenden Jahren die Zahl aller zu versteuernden Spiele zurückgeht (1919/20: 5 328 833; 1920/21: 4 363 470), steigt sie zum Ende der Inflation stark an (1922/23: 7 024 012), um dann in dem folgenden Jahr, nach den Sanierungsmaßnahmen, auf 4 116 262 abzufallen. Die Aufwärtsentwicklung in den anschließenden Jahren erfolgt in sehr kleinen Schritten. Die Zahl der importierten Karten, die im Deutschen Reich immer gering war, sinkt im gleichen Zeitraum konsequenterweise auf einige Tausend ab[53]. Bei der Statistik ist zu beachten, daß seit 1919/20 die durch den Friedensvertrag abgetretenen Gebiete fehlen. Die hohen Verkaufszahlen in der Inflationszeit erklären sich zum Teil durch Vorrätskäufe, zum Teil aber auch durch eine Flucht in «Sachwerte». «Es wurden große Posten in rein spekulativer Absicht gekauft, so daß die Produktion trotz äußerster Anspannung aller Betriebe nicht annähernd der Nachfrage genügte»[54]. Die hohen Produktionsziffern während des Krieges sind leicht erklärbar. Die Nachfrage nach Spielkarten durch die Truppen war so groß, daß Spielkartenfabriken zu kriegswichtigen Betrieben erklärt wurden.

Bevor wir zu der Zeit nach 1923 kommen, noch kurz einige Hinweise zum Export von Spielkarten. Das Deutsche Kaiserreich exportierte erhebliche Mengen an Luxuspapieren: chromolithografische Produkte, Ansichtskarten[55] und Spielkarten. Starke Schutzzölle der Importländer um die Jahrhundertwende führen zu einem Rückgang der Luxuspapierfabrikation. Die beginnende Ansichtspostkarten-Produktion kann die entstehende Lücke nicht schließen. Bei dem Spielkartenexport bis zum Kriegsbeginn weichen die einzelnen Jahresergebnisse teilweise erheblich voneinander ab. Blanquet faßt die Entwicklung bis 1914 so zusammen: «Das letzte Friedensjahr mit etwa 2 1/2 Millionen Spielen erbrachte gegenüber dem Stand von 1879 etwa eine Verdoppelung der ausgeführten Menge. Auch der Wert der Ausfuhr ist ungefähr ebenso gestiegen . . . Der Anteil der Ausfuhr am Gesamtabsatz der deutschen Spielkartenindustrie betrug bis 1913/14 durchschnittlich 20 bis 25%»[56].

Der Krieg hat dem Dondorf'schen Export möglicherweise weniger geschadet als anderen Betrieben, da einige der von Dondorf schwerpunktmäßig versorgten Länder (Holland, Skandinavische Staaten) neutral blieben. Nach dem Krieg und vor allem in der Inflationszeit war die Exportsteigerung erheblich. Auch hier sei Blanquet zitiert: «Bereits das Jahr 1919/20 brachte eine Erhöhung auf 25% des Gesamtabsatzes. Im Jahre 1920/21 wird die Ausfuhr von 1913/14 um 45%, 1921/22 um 66% und 1922/23 um 290% übertroffen, so daß die Ausfuhr des Jahres 1922/23 mit fast 60% des Gesamtabsatzes in diesem Jahr den Inlandsverbrauch übersteigt, eine Erscheinung die vorher nie zu verzeichnen war. Die Ausfuhr des Jahres 1923/24 zeigt einen starken Abstieg von den Zahlen der Inflationsjahre, um über 47% gegenüber 1922/23. Immerhin bleibt die Ausfuhr 1923/24 mit 56% vom Gesamtabsatz noch höher als der Inlandsabsatz und um etwas über 100% höher als 1913/14. Im Jahre 1924/25 hat die Ausfuhr weiter um rund 25% abgenommen und diese Bewegung hat sich anscheinend im Jahre 1925/26 in sehr verstärktem Maße fortgesetzt».

Die Jahre der Stabilisierung brachten also für die Spielkartensteller starke Verkaufsrückgänge; viele nach dem Krieg gegründete Firmen gingen wieder ein, der Konkurrenzkampf – auch zwischen den traditionellen Fabriken – wurde härter. Während durch die Untersuchungen der hier mehrfach zitierten volkswirtschaftlichen Dissertationen die Entwicklung bis 1925 einigermaßen detailliert beschrieben werden kann, ist für die folgende Zeit aus verstreuten Informationen lediglich ein Trend abzulesen. In dem Kampf um die Marktanteile blieben die kleineren Unternehmen auf der Strecke, während die Kapitaldecke der Großen ausreichte, um Durststrecken zu überstehen. Die marktbeherrschenden Vereinigten Altenburger- und Stralsunder Spielkartenfabriken (ASS) bauten ihre gesicherte Vormachtsstellung in der Folgezeit weiter aus: 1927 übernahmen sie die 1811 gegründete Frankfurter Spielkartenfabrik C. L. Wüst, 1929 die Firma Lattmann in Goslar, 1930 Frommann & Morian in Darmstadt sowie H. W. Friedrich & Co. in Breslau. 1933 wurde auch die Dondorf'sche Spielkartenfabrik der ASS eingegliedert.

Über diese letzte Phase der 100jährigen Geschichte der Firma Dondorf sind wir wieder genauer informiert.

In Klimschs Adressbuch von 1928 firmiert Dondorf noch mit ähnlichen Angaben wie zu Ende des Kaiserreiches: «Chromolithographische

Abb. 20
Werbung der Firma Dondorf, um 1932, Offset, Deutsches Spielkarten-Museum

Abb. 21
Schaufensterwerbung der Firma Dondorf, um 1928, Deutsches Spielkarten-Museum

Anstalt, Steindruckerei, Kartonage, Bonbonièren, Trauerränderei, Prägerei». Als Spezialitäten der Firma werden aufgeführt «Chromolithographische Arbeiten für eigene und fremde Verlage, Spielkarten, Chromo- und Glacépapier». 1928 hatte die Firma ein noch ähnlich breites Angebot wie zu Anfang des Jahrhunderts. Die Geschäftsführung lag in diesem Jahr in den Händen von Otto Dondorf und Friedrich Bosch.

Otto Dondorf war der Enkelsohn des Firmengründers Bernhard. Dieser hatte drei Söhne: August, der schon im 26. Lebensjahr gestorben, Carl, der 1860 im Alter von 17 Jahren in das Geschäft eingetreten war. Im Jahre 1925 wurde er in den Aufsichtsrat der Firma gewählt. Der dritte Sohn Bernards, Paul, hatte in der Verwaltung der Firma gearbeitet und starb 1904. Otto Dondorf war der Sohn Pauls, er starb 1930.

Im Jahre 1929 wurde der gesamte Dondorf'sche Betrieb verkauft. Als Ursache gibt das obengenannte Typoscript die «allzu große Vielseitigkeit des Geschäfts-Betriebes» sowie «Verluste, welche der Krieg und die Inflationszeit hervorriefen» an.

Im einzelnen beschreibt das Typoscript den Verkauf der unterschiedlichen Geschäftszweige wie folgt:

1. Spielkarten-Abteilung an die Firma Flemming-Wiskott, welche dieselbe unter dem Namen B. Dondorf, Spielkartenfabrik G.m.b.H., in Frankfurt/M. weiterführte. Im Jahre 1933 gingen die Anteile dieser Gesellschaft in den Besitz der Vereinigten Altenburger und Stralsunder Spiel-Karten-Fabriken A. G. Altenburg über.
2. Steindruckerei an die Firma Paul Pittius, Berlin, die sich diese Abteilung unter der Firma Dondorf Kunstverlag A. G. angeschlossen hat.
3. Papier-Streicherei an die Firma Franz Dahlem, Aschaffenburg.
4. Spiele-Verlag an die Firma J. W. Spear & Söhne, Nürnberg-Doos.
5. Papier-Ausstattungen an die Firma Eugen Lemppenau, Stuttgart.
6. Etiketten an die Firma Karl Niemann, Frankfurt/M.

Die Firma Flemming & Wiskott in Glogau läßt ihre Firmengeschichte im Jahr 1790 mit der Eröffnung einer Buchhandlung und einer Druckerei beginnen. Neben Zeitungen wurden hier volkstümliche Bücher, Landkarten und Jugendschriften verlegt. 1888 wurde das Unternehmen in eine Aktiengesellschaft umgewandelt, 1919 vereinigte sich die Firma Flemming mit der Druckerei C. T. Wiskott in Breslau, die seit 1806 bestanden hatte. Spielkarten stellte Flemming & Wiskott seit 1924 her. Direktor der Firma war seit 1912 August Bell[57]. Ein Jahr nach dem

Verkauf der Firma Dondorf firmiert nur noch die Spielkartenfabrik unter dem alten Namen, der nun «B. Dondorf Spielkartenfabrik GmbH» lautet. Geschäftsführer sind nun August und Friedrich Bell sowie W. Baas. Die Spielkartenfabrik ist nicht mehr in der Bockenheimer Landstraße 136, sondern in der Darmstätter Landstraße 224, wo auch produziert wird. Aufgestellt sind hier 5 Schnellpressen für Steindruck und 5 Handpressen. Die Firma beschäftigt zu diesem Zeitpunkt 110 Arbeiterinnen und Arbeiter.

In der Sammlung des Deutschen Spielkarten-Museums befinden sich viele Unterlagen über die breite und vielfältige Produktwerbung, die die Firma Flemming & Wiskott betrieb. Mit ihren Anzeigen und Flugblättern wandte sich die Firma nicht nur an den Weiterverkäufer [58], sondern auch an den Endkäufer. Da im Flemminghaus auch Zeitungen gedruckt und verlegt wurden, erforderte diese Form der Werbung keine hohen Geldmittel. Seit dem Erwerb der Dondorf'schen Spielkartenfabrik hebt die Werbung darauf ab, daß neben einem breiten Sortiment an Luxusspielkarten nunmehr auch Gebrauchskarten angeboten werden (vgl. Abb. 20). «Insgesamt» – so heißt es in einem Flugblatt von 1929, in dem auf den Erwerb der Dondorf'schen Fabrik hingewiesen wird – «stellen wir 156 Sorten Spielkarten her, von der einfachen Gebrauchskarte bis zur hochwertigsten Luxusausführung». Weiter heißt es in dem Flugblatt: «Wir beliefern nicht nur den gesamten Inlandsmarkt, sondern schicken unsere Karten in alle Weltteile: Holland (vgl. S. 143), Schweiz, Italien, Nordische Länder (S. 184), Amerika, Indien, Japan, China und andere zählen zu unseren ständigen Abnehmern.»

Nach dem Geschäftsbericht von 1931 arbeiten Kartographie, Spielkartenabteilung und die Tageszeitung gewinnbringend. Weiter heißt es: «Die Erhöhung der Bankschulden beruht auf Zahlungen einer weiteren Kaufpreisrate für die Dondorf-Beteiligung. Das Geschäft der Dondorf GmbH hat sich weiter zufriedenstellend entwickelt.» Die Wirtschaftskrise erfordert immer neue Rationalisierungsmaßnahmen. So wird auch im Laufe des Jahres 1931 die Spielkartenproduktion ausschließlich nach Frankfurt verlegt (vgl. oben). Die Berliner Börsenzeitung vom 21. 7. 1931 beschreibt diesen Sachverhalt so: «Die Gesellschaft beabsichtigt, ihre Abteilung Spielkartenfabrikation von Glogau nach Frankfurt a. M. zu verlegen, um dort eine großzügige Spielkartenfabrikation im Zusammenhang mit ihrem dortigen Werk B. Dondorf aufzuziehen. Die chromolithografische und kartografische sowie die Reklameabteilung sollen einstweilen stillgelegt werden. Die Spielkartenabteilung arbeitet jedoch bis Ende des Jahres in Glogau weiter. Im ganzen werden durch die Still-

legung und Verlegung der Spielkartenabteilung 200 Arbeiter und Ange-
stellte in Glogau betroffen. Wie dem WTB-Handelsdienst hierzu erklärt
wird, handelt es sich bei diesen Maßnahmen um eine durch die Wirtschaftskrise und die ungünstige geographische Lage bedingte Umstellung»[59].

Die Schwierigkeiten scheinen jedoch nach dem Umzug nach Frankfurt nicht abgenommen zu haben. 1933 übernahmen die Vereinigten
Altenburger- und Stralsunder Spielkartenfabriken die Spielkartenproduktion der Flemming & Wiskott AG. Für die ASS bedeutete dies – wie
schon für den Vorbesitzer – einen erheblichen Ausbau des Exportge-
schäfts, auf das Dondorf spezialisiert war. Die Firma Dondorf wird in
Frankfurt weitergeführt, sie erscheint bis zum Ende des Krieges im
Frankfurter Adreßbuch. In Klimschs Adreßbuch von 1935 erscheinen
die Direktoren Walter Scharff und Hans Reisig als Geschäftsführer der
B. Dondorf Spielkartenfabriken GmbH. Im Laufe der dreißiger Jahre
wurde die Produktion zunehmend nach Altenburg verlegt.

Vom Ende des zweiten und aus dem dritten Jahrzehnt des 20. Jahrhunderts sind mehrere Musterbücher erhalten, darunter eines, in dem
sowohl die Anzahl wie der Verbleib der Steine vermerkt sind[60]. Zur gleichen Zeit setzte sich der Offsetdruck endgültig durch und so markierte
Dondorfs Hundertjahrkarte (S. 128), die mit 28 Steinen gedruckt
wurde, Höhepunkt und Ende der chromolithografischen Spielkarte, die
engstens mit dem Namen Dondorf verbunden ist.

Anmerkungen

1 Vgl. die am Ende dieses Buches
246 ff. zusammengestellte einfüh-
rende Literatur zur Geschichte der
Spielkarten.

2 Vgl. Heribert Meurer: *Das Stutt-
garter Kartenspiel* (Kommentar
zur Faksimile-Ausgabe), München
1979, S. 22 ff.

3 Vgl. in diesem Zusammenhang
Detlef Hoffmann: *Das Kölner
Kartenspiel des Johann Bussema-
cher,* München 1980; hier ist das
Verhältnis Holzschnitt-/Kupfer-
stichkarten genauer untersucht.

4 Die Produktionsweise einer ideal-
typischen Kartenmanufaktur ist in
Abbildungen und Beschreibungen
von Diderots und d'Alemberts
Enzyclopädie zu sehen; vgl. die
Abbildungen bei Detlef Hoff-
mann: *Die Welt der Spielkarte,*
München/Leipzig 1972, S. 8.

5 Werner Stuckmann: *Über Entwicklung und Eigenart der deutschen Spielkartenindustrie,* Diss.
Greifswald 1925, S. 30 (MS im
Besitz des DSM, Leinfelden-Echterdingen).

6 Stuckmann 1925, S. 49.

7 Die Situation der Deutschen Spielkartenindustrie von der Zeit um 1870 bis in die 1920er Jahre behandeln zwei nationalökonomische Dissertationen, die von Werner Stuckmann von 1925 (Anm. 5) und die von Otto von Blanquet: *Die deutsche Spielkartenindustrie,* Diss. Berlin, 1926; beide Autoren haben sich vor allem bei den Vereinigten Altenburger und Stralsunder Spielkartenfabriken informieren können. Andere Unternehmen – so auch Dondorf – scheinen weniger informationsfreudig gewesen zu sein. So ist es auch nicht erstaunlich, daß beide Autoren die Interessen ihres besten Informanten wahrnehmen.

8 Kurz und gut informiert zu diesem Thema: C. Kampmann: *Die grafischen Künste,* Leipzig 1905 (= Slg. Göschen).

9 In unserem Zusammenhang sind neben anderen folgende Einführungen in die Technik der Lithografie zu empfehlen: Theodor Goebel: *Die grafischen Künste,* 1895, S. 83–136 (Von Lithografie und Steindruck); Arthur W. Unger: *Die Herstellung von Büchern, Illustrationen, Akzidenzen usw.* Halle 1910, 2. Aufl., bes. S. 305 ff; Otto F. W. Krüger: *Die Illustrationsverfahren,* Leipzig 1914, bes. S. 210 ff; alle genannten Bücher sind mit Originalbeispielen versehen.

10 Krüger 1914, S. 227; vgl. auch das grundlegende Buch von Friedrich Hesse: *Die Chromolithografie,* Halle 1906

11 Goebel 1895, S. 123.

12 Goebel 1895, S. 125.

13 Zur Geschichte der Lithografie vgl. Carl Wagner: *Die Geschichte der Lithografie,* Leipzig 1914.

14 Vgl. Katalog: *Die Cotta'schen Spielkarten-Almanache 1805 bis 1811,* Bielefeld 1968, S. 63–74; Detlef Hoffmann: *Die Kartenalmanache der J. G. Cotta'schen Buchhandlung,* in: Anzeiger des Germanischen Nationalmuseums 1970; nicht zufällig brachte das Cotta'sche «Morgenblatt» 1807 eingehende Ausführungen zur Lithografie. Wahrscheinlich wurden die Karten in der für die Cotta'sche Buchhandlung errichteten Steindruckerei von Rapp und Strohhofer in Stuttgart gedruckt.

15 Joseph Cramer: *Die Entwicklung des Steindruckgewerbes in Deutschland,* Leipzig 1918, S. 17.

16 Wagner 1914, S. 9.

17 Wagner 1914, S. 10, vgl. auch Cramer 1918, S. 31 ff.

18 Cramer 1918, S. 26

19 Vgl. Cramer 1918, S. 28, 29.

20 Cramer 1918, S. 34.

21 Cramer 1918, S. 37, vgl. auch Cramer 1918, S. 72 ff. Vgl. in diesem Zusammenhang auch die Schilderung der ökonomischen Entwicklung bei Hermann Müller: *Die Organisationen der Lithografen, Steindrucker und verwandten Berufe,* Berlin 1917, bes. S. 489–505.

22 Vgl. die Bemerkungen bei Geoffrey Wakeman: *Victorian Book Illustration. The Technical Revolution,* Newton Abbot 1973, S. 50.

23 So die Einteilung im Programm des Vereins Deutscher Steindrukkereibesitzer von 1905, vol. Cramer 1918, S. 58.

24 Vgl. Thieme/Becker: *Allgemeines Lexikon der bildenden Künstler,* Bd. 9, Leipzig 1913, S. 437 mit älterer lexikalischer Literatur. Weitere Lebensdaten gehen aus den Senats-Supplikationen 197/365 im Stadtarchiv Frankfurt hervor. Die Namensänderung von Doctor in Dondorf erfolgte 1826. 1833 erhielt er das Bürgerrecht sowie die Genehmigung zur Entwicklung einer lithografischen Anstalt. 1837 heiratet er. 1844 wird ein Bauantrag für eine Firmenerweiterung eingebracht. 1845 sind arbeitsrechtliche Auseinandersetzungen nachzuweisen.

25 So *Klimschs Adreßbuch* von 1890, S. 37.

26 *Journal für Buchdruckerkunst, Schriftgiesserei und die verwandten Fächer,* Nr. 2, 1. Feb. 1835, Sp. 24–27; über seine Gravur mit einer Brillantspitze wurde auch im *Kunstblatt* vom 17. Mai 1836, S. 168 und 2. Nov. 1936, S. 347, berichtet.

27 Journal für Buchdruckerkunst Nr. 4, 1836, Sp. 79 f.

28 Journal für Buchdruckerkunst Nr. 5, 1839, Sp. 58–60.

29 Dondorfs Kritik erschien im Journal für Buchdruckerkunst, Nr. 7, 15. Juni 1840, Sp. 97–104; Engelmanns Erwiderung im gleichen Jahrgang Nr. 12, S. 233–240.

30 Diesen Hinweis verdanken wir Herrn Dr. Mayer-Wegelin, der eine Geschichte der frühen Fotografie in Frankfurt geschrieben hat, die demnächst erscheinen wird. Hier wird das wenige, was man über B. Dondorf als Fotografen weiß, im Kontext der frühen Frankfurter Fotografie dargestellt. Vgl. E. Mayer-Wegelin: *Die Frühzeit der Fotografie in Frankfurt am Main 1839–1860,* in Photo-Antiquaria 4, 1980, S. 12–16, bes. S. 13.

31 Journal für Buchdruckerkunst, Nr. 12, Dezember 1839, Sp. 169 f.

32 Journal für Buchdruckerkunst, Nr. 8, 1835, Sp. 127; vgl. auch seine Anzeige für französische Papiere im Journal für Buchdruckerkunst, Nr. 2, 1843, Sp. 29.

33 Journal für Buchdruckerkunst, Nr. 5, 1837, Sp. 79.

34 Journal für Buchdruckerkunst, Nr. 6, 1838, Sp. 96 f; in Nr. 7 Sp. 99 bietet er mehrere Wellen-Maschinen an, 1843 empfiehlt er in der Nr. 4, Sp. 53 seine Punktiermaschine.

35 Journal für Buchdruckerkunst, Nr. 1, 1840, Beilage; vgl. auch den Preis-Courant aus Nr. 3, 1852. Hier werden die Spielkarten nicht erwähnt.
Herr Mayer-Wegelin machte darauf aufmerksam, daß Bing jun. & Comp. im November und Dezember 1839 elfmal im *Intelligenzblatt* für Spielkarten von B. Dondorf inserierte. Inserate für Spielkarten finden sich ferner im *Frankfurter Journal* vom 9. 1. 1839, 6. 9. 1840 und November 1840. Keines der Inserate läßt genauere Erkenntnisse über Art oder Aussehen der Karten zu.

36 Journal für Buchdruckerkunst, Nr. 7, 1843, Sp. 89. Ein Konvolut der Firma Dondorf, das im Museum für Kunsthandwerk, Frankfurt/M., aufgehoben wird, könnte eine solche Mustersammlung sein.

37 Wagner 1914, S. 10.

38 Cramer 1918, S. 42 f.

39 *Souvenir de Francfort offert à la Banque Nationale du royaume d'Italie par B. Dondorf et l'imprimerie C. Naumann,* Mainz, Gutenberg-Museum, Inv.-Nr. [1850] f 1; die Pinselzeichnungen Hermann Junkers sind signiert und 1869 datiert.
Eine schlechter erhaltene Mappe befindet sich im Stadtarchiv Frankfurt/M. Vgl. auch die Akten zur Papiergeldfabrikation von Dondorf und Naumann im Frankfurter Stadtarchiv, Nachlaß der Druckerei Naumann. Hier eine Mappe mit Anerkennungsschreiben der auftraggebenden Staaten. Danach gingen die ersten Aufträge, etwa 1849 von Baden, allein an Naumann. Die Zusammenarbeit beider Offizinen scheint Mitte der fünfziger Jahre zu beginnen. Das Dankesschreiben für das japanische Papiergeld ist datiert am 31. Oktober 1874. – Zu C. Naumanns Druckerei vgl. Fried. Lübbecke: *Fünfhundert Jahre Buch und Druck in Frankfurt am Main,* Frankfurt 1948, S. 262–265.

40 Vgl. den Hinweis auf die Dondorf'sche Produktion in der Frankfurter Kulturzeitschrift *Didaskalia* Nr. 321 vom 18. XI. 1860 sowie in den *Frankfurter Nachrichten,* 1860, S. 1100 (freundl. Hinweis von Herrn Dr. Mayer-Wegelin).

41 Vgl. Dondorfs Anzeige seiner «Reise-Erinnerungen, malerische Ansichten der berühmtesten Städte. . .» im Journal für Buchdruckerkunst Nr. 15, 1846, Sp. 179 f. Typisch für Dondorf ist auch, daß er in dem Fachblatt sofort weitere Nutzungsmöglichkeiten seiner Stiche anbietet: «Durch Vervielfältigung einzelner Theile der Stahlstichplatten mittels Galvanoplastik bin ich im Stande, von jedem Blatte einzelne Theile in vorzügliche Kupferstichplatten zu übertragen, und dieselben für Druck auf Postpapier zu Briefen mit Ansichten. . . zu verwenden.»

42 Diese Daten gehen auf ein Schreibmaschinenmanuskript ohne Autorenangabe im DSM Leinfelden-Echterdingen mit dem Titel *Werdegang der Firma B. Dondorf Frankfurt a/M* zurück, das nach 1933 datiert werden muß. Franz Braun hat sich bei seiner Darstellung der Dondorf'schen Firmengeschichte im März 1971 auf dieses Manuskript gestützt.

43 Vgl. *Deutscher Buch- und Steindrucker,* Jg. 1901/1902, VIII, 2, S. 783; vgl. auch den Nachruf in der *Zeitschrift für Deutschlands Buchdrucker,* 14, 1902, S. 311; hier befindet sich der aufschlußreiche Satz: «Am öffentlichen Leben hat sich der Verstorbene niemals beteiligt.» Das erklärt vielleicht, warum über Bernhard Dondorf so unverhältnismäßig wenig bekannt ist. Vgl. auch die, dem zitierten fast identischen Nachrufe in der Frankfurter Zeitung vom 14. Juni 1902 (Nr. 163 Abendblatt, S. 3). Hier der Hinweis, daß Dondorf «freiheitlicher demokratischer Gesinnung» war. In den vierziger Jahren war er Mitglied des freiheitlichen Montags-Kränzchen; vgl. auch *Die kleine Presse* vom 15. 6. 1902.

44 So noch verzeichnet in *Klimschs Adressbuch* von 1890. Ende 1872 wird die Firma Dondorf in den Berichten über die Lohnbewegung in Frankfurt erwähnt, vgl. hierzu Hermann Müller 1917, S. 508–510.

45 Vgl. Anm. 42. Das hier gegebene Zitat ist die ausführlichste Quelle über die Dondorf'sche Fabrikation. Der Autor ist nicht bekannt.

46 Wir danken der Geschäftsleitung der Firma AG Müller, Schaffhausen, sowie Herrn Max Ruh von der Cartophilia Helvetica für die Unterstützung.

47 Katalog I = *Spielkarten B. Dondorf GmbH Frankfurt a. M.* (16 × 12,5 cm).

48 Katalog II wie I, zusätzlich zu I darin enthalten: Whist 268, ferner Medicäer- (vgl. S. 116) und Mecklenburger Karte (vgl. S. 118). Katalog III entspricht II, zeigt einige Preiseintragungen in Bleistift. – Wir sind uns darüber im klaren, daß die Folge von II und III auf I nicht zwingend ist. Es ist auch möglich, daß die Karten aus dem Sortiment herausgenommen wurden. Da die Medicäerkarte jedoch in einem Musterbuch von 1935

wieder erscheint, haben wir uns für die hier angegebene Reihenfolge entschieden.

49 So: Carl B. Lorck: *Handbuch der Geschichte der Buchdruckerkunst,* Teil 2, Leipzig 1883, S. 399.

50 Blanquet 1926, S. 28.

51 Blanquet 1926, S. 45.

52 Blanquet 1926, S. 49.

53 Nach Blanquet 1926, S. 57; vgl. auch Stuckmann 1925, besonders seine Tabellen ab S. 165. Zum Vergleich für die im Text gegebenen Zahlen: 1879/80 wurden 4 306 546 Spiele versteuert.

54 Blanquet 1926, S. 58.

55 Cramer 1918, S. 45 ff.

56 Blanquet 1926, S. 63: dort auch das folgende Zitat.

57 *Klimschs Druckerei Anzeiger;* der uns vorliegende Ausschnitt ist nicht datiert, jedoch nach 1929 erschienen.

58 Vgl. etwa das Inserat in der *Papierzeitung,* 17, 1926 (Messenummer), wo auf die guten Konditionen hingewiesen wird.

59 Alle Quellen aus der Ausschnittsammlung des Deutschen Spielkarten-Museums e. V., Leinfelden-Echterdingen.

60 Vgl. S. 247/248.

Die Dondorf'schen Kartenspiele

Cartes Comiques

Um 1860
9,4×6,4 cm
RS: Szene in Violett
52 Blatt in beschädigter Schachtel
Inv.-Nr. 1975-9 (Variante A 1220a)

Dieses wohl älteste bekannte Kartenspiel der Firma Dondorf ist auf allen 52 Blättern mit Karikaturen eines noch nicht ermittelten Zeichners geschmückt. Die Figuren- und die As-Karten zeigen jeweils eine den Bildraum nahezu füllende Figur, koloriert in sechs Farben. Die Zahlenkarten 2 bis 10 sind mit öfter mehrfigurigen Szenen, zweifarbig, Ton in Ton, versehen. Den schwarzen Farbzeichen Treff und Pik wird eine Braun-in-Braun-Färbung zugeordnet, den roten Farbzeichen Karo und Herz ein Grün in Grün.

Die vier Könige sind durch eine Krone über dem Farbzeichen, die Damen durch einen Pantoffel, die Buben durch eine Streitaxt gekennzeichnet. Alle zwölf Figuren erscheinen in Tiergestalt. Die Könige als Esel, Ochse, gestiefelter Kater und Affe; die Damen als Füchsin, Eule, Gans und Kröte; die Buben als Esel, Bulldogge, Kalb und Storch. In diesen Figuren werden bestimmte Haltungen karikiert. Pik- und Herz-Bube etwa sind bullenbeißerische bzw. geckenhafte Militärs. Treff-Bube erscheint als einfältiger Geiger. Die Herz-Dame ist eine eitle Gans, Pik-Dame eine strickende Großmutter. Der durch die Beschriftung als «verliebt» gekennzeichnete Kater trägt zwei Mäuse am Gürtel, während der Karo-König, auf Geldsäcken thronend, nach noch mehr Geld dürstet.

Bei den Zahlenkarten werden, in Anlehnung an die Cotta'schen Transformationskarten (vgl. Abb. 3 der Einleitung), die Farbzeichen in szenischer Darstellung eingeblendet.

Die Karikaturen nehmen allgemeinmenschliche Verhaltensweisen oder bestimmte Berufe aufs Korn. Gelegentlich entschädigen sie den Betrachter für seine Aufmerksamkeit durch Anzüglichkeiten, so etwa auf der Herz-8, wo sich ein «mittelalterlicher» Herr in eindeutiger Absicht einer freizügig dasitzenden Schlafenden nähert («vieux pécheurs»).

Auf anderen Blättern finden sich Motive, die seit Jahrzehnten beliebt sind: So hebt auf Treff-5 der Wind den Rock einer Frau; auf Karo-5 muß der Friseur auf eine Leiter steigen, um die Frisur einer Dame aufzustekken («haut intelligence»).

Spätestens seit den 1830er Jahren sind durch die einschlägigen Arbeiten Grandvilles Tiere in menschlichen Posen allgemein bekannt und jedem Grafiker als Vorlagen zugänglich. Auch unsere Spielkarten orientieren sich an den Grandvilleschen Bildern.

Lit.: Bierdimpfl Nr. 60 mit ausführlicher Beschreibung aller Karten; Braun Nr. 203; Höhn S. 325; Janssen Taf. 20; Mefferdt Nr. 96; MGM Nr. 189; Kat. Stgt. Nr. 74 mit Abb.; vgl. Grandville *Das gesamte Werk*. München 1969.

VA BANQUE!

VISEZ BIEN!

Musikalisches Kartenspiel

Um 1862
9,6 × 6,4 cm
RS: Medaillon mit Komponisten
in Braun auf Beige
52 Blatt
Inv.-Nr. 1980-269

Seit dem Ende des 18. Jahrhunderts kommt die Notierung von Musikstücken auf Spielkarten vor. Tänze erfreuen sich dabei besonderer Beliebtheit. Meist sind auf jeder Karte zwei Takte eines oder zweier mehrstimmiger Musikstücke notiert. Die Karten können in beliebiger Reihenfolge, zumindest innerhalb einer Spielkartenfarbe, ausgelegt werden, immer ergibt sich ein musikalischer Zusammenhang. Das Dondorf'sche Kartenspiel schließt also an eine im 19. Jahrhundert verbreitete Tradition an. Auf den Zahlenkarten mit den roten Farbzeichen Herz und Karo treten Tiere als Musikanten auf, während auf den Karten mit schwarzen Farbzeichen tanzende Menschen abgebildet sind. Die Bilder scheinen von dem gleichen Zeichner entworfen worden zu sein, von dem auch die «Cartes comiques» (s. S. 52) stammen. Hier wie dort sind Tiere in Tätigkeiten von Menschen abgebildet.

Die Figurenkarten zeigen reichlich komische Könige, Damen und Buben, deren große, rote Nasen besonders auffallen. Alle zwölf spielen ein Instrument. Während die Figurenkarten und die As-Karten mit vielen Farben gedruckt sind, wurden für die Zahlenkarten 2 bis 10 nur vier Farben verwendet: für die roten Farbzeichen Blau und Grau, für die schwarzen Orange und Beige. Um die Karten zum Spiel benutzbar zu machen und in einem gewissen Sinne doppelfigurig zu erhalten, sind am unteren Rand Farbzeichen und Wert vermerkt. Auf Treff-Bube befindet sich die Firmenangabe «B. Dondorf, Frankfurt a. M.».

Dieses ebenso wie das vorausgehende Spiel kann auch drucktechnisch als frühes Beispiel der Dondorf'schen Spielkarten gelten.

Lit.: Braun Nr. 201; Janssen Taf. 20; MGM Nr. 188; zu musikalischen Kartenspielen allgemein siehe A. Pilipczuk.

Luxus-Spielkarte Vier-Erdteile

Um 1870
Entwurf: Friedrich Karl Hausmann
9,4 × 6,4 cm
RS: Fortuna auf der Kugel
streut Blumen übers Land
52 Blatt mit Beschreibung
Inv.-Nr. A 1457

Von der Vier-Erdteile-Karte sind viele unterschiedliche Auflagen bekannt. Allein in der Sammlung des Deutschen Spielkarten-Museums sind fünf Varianten nachweisbar. Einige (A 1459 und B 63) wurden nach 1906 gedruckt, da Dondorf bereits mit der Firmenbezeichnung Dondorf GmbH firmiert. Das hier beschriebene und abgebildete Spiel ist in dem Musterbuch der Firma AG Müller, Schaffhausen, das ca. 1870 zusammengestellt wurde, nachweisbar. Älter als dieses Spiel ist der Druckbogen B 63 (Zug. Nr. 1954/158), aus dem ein Ausschnitt abgebildet wird (vgl. S. 59 u. 61). Hier sind die Kartenbilder kleiner, die Ecken noch nicht abgerundet. Auf den As-Karten ist zudem am unteren Rand ein weißes Feld, in welches – wohl in einem anderen Farbton – die Schrift eingesetzt werden sollte.

Ähnlich wie bei den «Cartes comiques» wurden die Figurenkarten sowie die Asse mit vielen Farben gedruckt, die Zahlenkarten 10 bis 2 lediglich Grau in Sandfarben. Die Erdteile sind je einer Spielfarbe zugeordnet: Amerika der Treff-Farbe, Afrika der Pik-Farbe, Asien der Herz-Farbe und Europa der Karo-Farbe. Auf den As-Karten stellte der Zeichner Szenen dar, die er für bezeichnend für den jeweiligen Erdteil hielt: Amerika wird durch die Abreise des Kolumbus charakterisiert, Afrika durch eine Moschee, Asien durch einen Reitelefanten und Europa durch die Allegorie der Gerechtigkeit.

Die Figurenkarten sind ebenfalls in das Gewand des entsprechenden Erdteils gekleidet: Treff zeigt den spanischen König Ferdinand, die Königin Isabella sowie einen spanischen Gesandten. Pik zeigt einen Sultan, dessen Frau und einen Janitschar; Herz einen Großmogul, eine indische Fürstin sowie einen indischen Krieger; Karo den Kaiser, die Kaiserin und einen Landsknecht.

Auf den Zahlenkarten sind sehr unterschiedliche Szenen dargestellt: neben Affen, Puma und Papageien zeigen die Treff-Karten Indianer und Szenen aus der Reise des Kolumbus. Für das islamische Afrika wurden vor allem orientalische Szenen ausgewählt, Szenen aus der Welt von «Tausendundeiner Nacht». Fauna und Flora Indiens sowie Szenen aus dem sagenhaften Land der Nabobs – etwa die Erfindung des Schachspiels – zeigt die Herz-Farbe. Europa wird durch Krieger, Wissenschaftler und Bauern vertreten.

Alle Karten sind mit Beschriftungen in französischer Sprache versehen. Diese Beschriftungen fehlen bei den

oben genannten späteren Spielen wie auch bei einem Spiel (Inv.-Nr. A 1458) mit demjenigen Steuerstempel des Königreichs Sachsen, der zwischen 1872 und 1878 gültig war (frdl. Mitteilung von S. Radau, Berlin).

Der Maler Friedrich Karl Hausmann (1825–1886), von dem die Entwürfe zum Vier-Erdteile-Spiel stammen, lebte von September 1855 bis Juli 1864 in Frankfurt/M., anschließend war er Inspektor der Zeichenakademie in seiner Vaterstadt Hanau. Hausmann war mit Bernhard Dondorf befreundet, für dessen Lithografische Anstalt er Papéteriedeckel, Umrandungen zu Wandkalendern, Diplome und Papiergeld für Japan entwarf. Dondorf besaß Bilder von Hausmann, so das kleine Ölbild «Im Harem» von 1857. Vielleicht kann man wegen der Haremszenen auf unseren Spielkarten annehmen, daß dieses kleine Ölbild aus der Zusammenarbeit für unser Kartenspiel stammt. Es wäre dann Ende der 1850er Jahre entworfen. Die erste Auflage könnte wohl noch im Stahlstich hergestellt sein, vgl. die Andrucke im Historischen Museum Frankfurt (Hoffmann, Spielkarten, Kat. Frankfurt, Nr. 95) und im Deutschen Spielkarten-Museum (Inv.-Nr. B 63), s. S. 59 und 61.

Lit.: Braun Nr. 163; Fournier Nr. 181; Hargrave S. 136; Janssen Taf. 20; Morley S. 86/87; zu F. K. Hausmann: E. Schaeffer, *F. K. Hausmann, ein dt. Künstlerschicksal,* Berlin 1907, besonders S. 79 u. 118; und E. Preime, C. F. Hausmann, Aachen 1935.

61

La mosquée.

Le palanquin.

Le sultan.

Guerrier Hindou

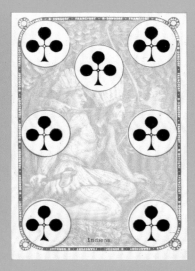

Indiens.

Indiennes.

L'imprimerie.

B. DONDORF À FRANCFORT S/ MEIN.

Vier-Länder-Karte

Vor 1870
8 × 5,3 cm
Steuerstempel «Oberbayern 8 Kr.»
RS: Blumenbouquet
52 Blatt
Inv.-Nr. B 649 (Zug. Nr. 1953/39)

Auch dieses Spiel ist nach einem schon im 18. Jahrhundert bekannten und beliebten System aufgebaut: Jeder Spielfarbe wird ein Land zugeordnet. Hier entspricht der Treff-Farbe die Republik Venedig, der Pik-Farbe das Heilige Römische Reich deutscher Nation, der Herz-Farbe das Königreich Frankreich und der Karo-Farbe das Türkische Reich. Entsprechend erscheinen die Könige als Doge von Venedig, deutscher Kaiser, König von Frankreich und türkischer Sultan. Während die Damen als Ehefrauen der Herrscher zu beschreiben sind, haben die Buben die Gestalt eines venezianischen Kavaliers, eines deutschen Landsknechts, eines französischen Falkners und eines Janitscharen.

Die je zwei Szenen auf den As-Karten zeigen bei Treff einen zur Gitarre singenden Jüngling in der Gondel und eine venezianische Edelfrau. Deutschland ist auf dem Pik-As durch die Allegorie der schönen Künste und einen älteren Wissenschaftler vertreten. Die auf Frankreich bezogene Herz-Farbe zeigt einen Jäger und eine Jägerin, für die Türkei steht eine Dame im Serail und ein Türke, der Wasserpfeife raucht. Die Karten sind mit Beschriftungen in französischer Sprache versehen, Steuerstempel auf Herz-As.

Dieses Spiel, das noch nicht in chromolithografischer Technik gedruckt

wurde, mag früher als die Vier-Erdteile-Karte (S. 58) entstanden sein.

Varianten mit unterschiedlicher Rückseite sowie in einem größeren Format sind in den Schaffhausener Musterbüchern um 1870 nachweisbar. Möglicherweise wurde das Vier-Erdteile-Spiel durch das vorliegende angeregt. Ein unzerschnittener Bogen mit den Figuren- und den As-Karten befindet sich in der Sammlung des Deutschen Spielkarten-Museums (Inv.-Nr. B 649 Zug. Nr. 1954/159, vgl. S. 66/67).

Lit.: Braun Nr. 502

SULTANE TURQUE.

SULTANE TURQUE.

SULTAN TURC.

SULTAN TURC.

DOGE DE VÉNISE.

DOGE DE VÉNISE.

EMPEREUR ALLEMAND.

EMPEREUR ALLEMAND.

65

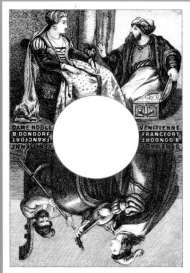

DAME NOBLE VÉNITIENNE
B·DONDORF FRANCFORT

PLAISIRS DU SÉRAIL
B·DONDORF FRANCFORT
SCÈNE DE CHIOSQUE

LANSQUENET ALLEMAND
CAVALIER VÉNITIEN

CAVALIER VÉNITIEN

67

Patience-Karte Vier-Erdteile

Vor 1870
6,4 × 4,3 cm
RS: Springbrunnen mit Federvieh
52 Blatt in Lederschuber
Inv.-Nr. 1980-220

Je eine Spielfarbe ist einem Erdteil zugeordnet: Treff = Afrika, Pik = Asien, Herz = Europa und Karo = Amerika.

Auf den As-Karten sind entsprechend dieser Zuordnung je zwei Landschaften des entsprechenden Erdteils wiedergegeben. Auf Treff der Möris-See und Kokospalmen, auf Pik die chinesische Mauer und indische Palmen, auf Herz italienischer Wald und deutsche Burgenlandschaft und auf Karo der Niagarafall und die südamerikanische Steppe. Die Figuren-Karten zeigen ebenfalls Vertreter der vier Erdteile.

Während auf dem hier behandelten Spiel die Beschriftungen in französischer Sprache sind, gibt es Varianten mit deutschen Beschriftungen. Diese Karten stammen aus der Zeit nach 1906, sie haben runde Ecken und Randmarken (Inv.-Nr. A 1268). Ähnliche Karten produzierte die Firma Wüst (vgl. Hoffmann, Spielkarten, Kat. Nr. 96).

Lit.: Braun Nr. 684

Tarot Microscopique

Vor 1870
10,6 × 5,7 cm
Lithografie schabloniert
RS: Flechtwerk in Rot mit Beschriftung «B. Dondorf, Cartes, Francfort s. M.»
78 Blatt in Schachtel
Inv.-Nr. A 310

Das «Tarot Microscopique» ist das einzige Tarockspiel, das von der Firma Dondorf hergestellt wurde. Neben zwei Spielen in gleicher Technik aber mit unterschiedlicher Kolorierung (A 273a und A 273 mit Steuerstempel «Deutsches Reich», also nach 1879) sind ab 1906 mehrere Varianten dieses Spieles in Chromolithografie nachweisbar, teils als Cego (54 Blatt, Inv.-Nr. B 1196), teils als Tarock (78 Blatt, Inv.-Nr. B 397 mit Steuerstempel der Weimarer Republik; Abb. S. 73). Das Spiel befand sich bei der Übernahme der Dondorf'schen Produktion durch Flemming & Wiskott im Jahre 1929 noch im Sortiment und zwar als Tarock No. 245 und Cego No. 246, beide mit arabischen Zahlen auf den Tarocken, ferner als Tarock No. 345 und Cego No. 346 mit römischen Zahlen (vgl. Musterbuch DSM VIII).

Den vier Spielfarben sind vier Länder zugeordnet: Treff = Deutschland, Pik = Rußland, Herz = Frankreich und Karo = England. Während die As-Karten jeweils zwei Bauwerke des entsprechenden Landes zeigen, sind als König und Dame ein Herrscher und eine Herrscherin dargestellt. Die Reiter sind Heerführer und die Buben Dichter oder Wissenschaftler.

Auf die Nr. 1 (Pagat) folgen vier Karten mit kunstgewerblichen Gegenständen der vier Länder (2 bis 5), vier Karten mit Berufen der vier Länder (6 bis 9), vier Karten mit edlen Damen und Herren (10 bis 13), vier Karten mit Gesellschaftsszenen: Familie, Jagd, Galanterie (14 bis 17), vier Karten (18 bis 21) mit höfischen Szenen. Tarock 22 zeigt den «Excuse» (Harlekin).

Lit.: Braun Nr. 205; Buß S. 86; Fournier Nr. 142; Hargrave S. 155; Tarocke mit franz. Farben Kat. Nr. 312/313.

71

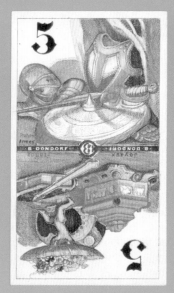

Vier-Weltreiche-Spiel

Vor 1870
9 × 6,2 cm
Steuerstempel: Kaiserreich
RS: Ornamentierte Raute in orna-
mentiertem Hochrechteck, in der
Mitte «BD»
52 Blatt
Privatsammlung

Diese Karten sind ein frühes Beispiel
dafür, daß die Firma Dondorf auch im
19. Jahrhundert nicht nur Spitzenpro-
dukte, sondern auch Gebrauchskarten
herstellte. Ähnlich wie z. B. die Vier-
Erdteile-Karten ist auch dieses
Spiel durchsystematisiert, diesmal
nach Weltreichen. Die Karo-Farbe
stellt das persische Weltreich dar, die
Treff-Farbe das römische, die Pik-
Farbe das türkische und die Herz-Farbe das deutsche Weltreich. Die Könige
sind als König von Persien, römischer
Kaiser, Sultan und deutscher Kaiser
ausgebildet. Die Damen sind entsprechend kostümiert. Die Buben stellen
die Soldaten des jeweiligen Reiches
dar; auf den As-Karten sind Arrange-
ments aus den Rüstungen der entsprechenden Reiche zu sehen, alle Karten
sind mit dem Namen und Firmenzeichen «BD» beschriftet.
   Das Spiel ist auch im Musterbuch
Nr. I der Firma AG Müller um 1870.
Es wurde in drei Versionen geliefert:
als Whist No. 272 (52 Blatt), als Piquet No. 103 (36 Blatt) und als Piquet
No. 104 (32 Blatt).

Lit.: Braun Nr. 208

Whist No. 230

Vor 1870
9,1 × 6 cm
Steuerstempel: Kaiserreich
RS: Frau mit zwei Kindern in Violett
52 Blatt in Schachtel
Inv.-Nr. 1977-2

Dieses Spiel ist eines der frühesten Belege für jene chromolithografischen Spielkarten, welche die Firma Dondorf dann Anfang des 20. Jahrhunderts in ganz Europa berühmt machen. Das Spiel ist mit mindestens sechs Steinen gedruckt, auf den As-Karten sind die Porträts jeweils zweier Dichter und Denker zu sehen. Könige, Damen und Buben sind in phantastischen historisierenden Gewändern dargestellt: die Könige mit aufwendigen Kronen, Zeptern, Amtsketten oder Krönungsmänteln, die Damen mit wehenden Schleiern, großformigen Kragen, gebauschten Mänteln oder Kleidern; die Buben etwas karikierend mit teilweise sehr roten Nasen, Hellebarden oder Gewehr.

Vorläufer dieser Figuren sind die Darstellungen des «Vier-Länder»-Spiels (s. S. 64). Der Falkner der Herz-Farbe ist hier ein Verwandter des französischen Falkners in jenem Spiel. Vergleicht man beide Spiele genauer, so fällt auf, daß das – auch technisch – frühere Spiel in Attitüde und Gewandung noch streng und unterkühlt wirkt, verglichen mit dem vorliegenden. Während die Bärte der Könige in dem älteren Spiel sorgfältig gestutzt sind, wehen die Bärte der Könige von Whist No. 230 in den unterschiedlichsten Farbschattierungen umher.

Datiert ist das Spiel durch das Schaffhausener Musterbuch Nr. I vor 1870. Zu dem hier behandelten befindet sich in der Sammlung des Deutschen Spielkarten-Museums eine Variante mit abgerundeten Ecken (Inv.-Nr. 1980-121). Sie ist auf Herz-As mit einem Steuerstempel des Königreichs Italien versehen, der um 1875 datiert werden muß (frdl. Mitteilung Dr. Krauland).

Lit.: Braun Nr. 961

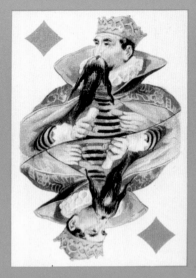

Kinder-Karte, Patience No. 25

Um 1870
5,5 × 3,7 cm
RS: unbedruckt
12 Blatt erhalten von 52
Inv.-Nr. A 1255

Auf den Patiencekarten sind Kinder in
der Verkleidung von Königen, Damen
und Buben dargestellt. Die Kinder sollen als Könige mit ihren viel zu großen
Kronen und angeklebten Bärten lustig
wirken. Die Mädchen der Damen-
Karten und die Knaben der Buben-
Karten haben große, klare Kinder-
augen, runde Wangen, Kußmäulchen
mit Grübchen. Versehen mit Blumen,
Puppen und Haustieren sollen sie mit
ihrem himmelnden Blick eine reizende
und possierliche Kinderwelt vorstellen.
Die Karten sind jedoch für Erwachse-
ne gemacht (für das Patience-Spiel)
und nicht, wie Ebeling in der 1888 er-
schienenen Zeitschrift «Vom Fels zum
Meer» meint, für Kinder. Insofern
ereifert er sich umsonst, wenn er
schreibt, daß die Spielkarte nicht in die
Hand des Kindes gehöre, denn sie sei
eine «Schlange im Paradies des kindli-
chen Gemüts».

Lit.: Braun Nr. 1514; Ebeling Sp. 1891/
1892; Fournier Nr. 190.

 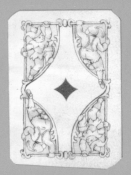 

FRANCFORT S/M. B. DONDORF

Schweizer Souvenir-Karte

Vor 1870
9,2 × 6,3 cm
RS: Helvetia mit Gemse in Violett
50 Blatt erhalten von 52
Inv.-Nr. A 1384

Auf den zwölf Figurenkarten sind 24
Schweizer Kantone in Wappen und
Personifizierungen vorgestellt. Diese
Personifizierungen, 16 Männer und
acht Frauen, tragen die Tracht des
entsprechenden Kantons und gehen
einer für den entsprechenden Kanton
typischen Beschäftigung nach. So ist
der Mann, der auf dem Pik-König den
Kanton Genf vertritt, ein Weinbauer.
Auf Karo-König vertritt den Kanton
Luzern ein Jäger und auf der Karo-
Dame eine Frau mit Gebetbuch den
Kanton Freiburg. Auf den As-Karten
sind je zwei Schweizer Sehenswürdig-
keiten abgebildet.

Für das Reiseland Schweiz, das eines der frühesten Anziehungspunkte
für den aufkommenden Tourismus
war, wurden wohl die ältesten Souve-
nirkarten hergestellt. Sehr ähnliche
Karten anderer Firmen, etwa der Firma AG Müller in Schaffhausen, sind
gleichzeitig belegt.

Lit.: Braun Nr. 685; Fournier Nr. 142; zu
Souvenir-Karten vgl. Schweizer Spielkarten
S. 207 bis 211.

Club-Karte Whist No. 184

Vor 1906
9,2×6 cm
Steuerstempel: Kaiserreich
RS: Rosa Blüten und Blätter
51 Blatt erhalten von 53 in Schachtel
Inv.-Nr. 1980–194

Da das Spiel auf dem Pik-Buben «B. Dondorf, Frankfurt a. M.» bezeichnet ist, Dondorf aber ab 1906 als GmbH firmiert, muß dieses Spiel vor 1906 entstanden sein. Es bleibt jedoch lange im Sortiment. In den Firmenkatalogen von 1912 (S. 14/15) wird es aufgeführt (mit der gleichen Rückseite wie das hier abgebildete Spiel). Es befindet sich auch noch in dem Musterbuch (XII des DSM), das in der Zeit zwischen 1935 und 1940 zusammengestellt wurde. Zu dieser Zeit waren die Steine für den Druck der Vorderseite in Altenburg. In den späteren Musterbüchern abgebildete Auflagen sind jedoch meistens mit dänischen Randmarken versehen, also für den Export nach Dänemark hergestellt (vgl. S. 184, 186 und 188; auch Inv.-Nr. 1980–237, L'Hombre Spiel No. 120). Den Vertrieb in Dänemark besorgte die Firma D. Voigt & Co. in Kopenhagen. Der Name Voigt ist auch in dem obengenannten Musterbuch vermerkt. Bei den Karten für den dänischen Export sind die Farbzeichen Treff und Pik auf den Figurenkarten gegenüber dem älteren Spiel vertauscht.

Die Kartenbilder selber setzen die anhand des Spiels Seite 76 beschriebene Entwicklung fort. In einer sehr kleinteiligen Technik werden den Gewändern, Gesichtern und Haaren der Figuren in unterschiedlichen Tönungen Lichter aufgesetzt. Dadurch erhalten die Figuren einen brillanten, glitzernden Charakter. Die Stoffe der Kleider erscheinen wie Samt, die Metallteile der Kronen, Zepter und Rüstungen gleichen Juwelen. Die Damen und Buben mit ihren großen wässerigen Augen, die ebenfalls durch Lichter gehöht sind, erscheinen als reine, liebliche Wesen, zart, jung und schön. Die Könige, an deren Haupthaar und Bart die gleiche Technik angewendet wird, wirken wie junge Männer mit wilden, zotteligen Bärten. Um die Farbzeichen der As-Karten sind Blumengirlanden gelegt, Veilchen um die schwarzen Farbzeichen und rosa Kirschblüten um die roten.

Die Karten einer späteren Auflage (Inv.-Nr. 1980-237) sind nicht mehr so sorgfältig gedruckt, die Farben gehen ineinander über, dadurch wird die beschriebene Brillanz stark vermindert.

Lit.: Braun Nr. 171

85

Luxus-Whist-Karte No. 158

Vor 1906
8,4 × 5,7 cm
RS: Blütenmuster, vierfarbig
52 Blatt
Inv.-Nr. 1980-207

Das vorliegende Spiel bleibt nach Ausweis der Musterbücher (Musterbuch DSM Nr. XII) bis 1940 im Sortiment der Firma Dondorf bzw. der Vereinigten Altenburger & Stralsunder Spielkartenfabriken. Sowohl in der Größe als auch im Ton, in den Randmarken und im Schmuck der As-Karten sind sehr viele Varianten nachweisbar. Während das Musterbuch Nr. XII zehn Farben für den Druck der Karten zuzüglich zwei Farben für die schwarzen und roten Gesteinsfarben nennt, gibt es im gleichen Musterbuch für eine Variante im Ton und in den As-Zeichen die Angabe von dreizehn plus zwei Farben. Nachweisbar ist ferner eine Ausgabe mit englischen Indexzeichen (Inv.-Nr. 1980-229). Das abgebildete Spiel hat lediglich die Farbzeichen, es fehlen jegliche Randmarken und der in späteren Spielen nachweisbare Joker. Nach der Beschriftung auf dem Treff-Buben wurde das Spiel vor 1906, vor Gründung der GmbH, hergestellt. Der Schmuck der As-Karten, eine Kombination von Rosen und Rollwerk, ist nur bei diesem frühen Spiel nachweisbar.

Die Figurenkarten setzen sich mit einer klaren Umrißlinie gegen den getönten Hintergrund ab. Könige, Damen und Buben sind weniger aufwendig als bei dem Spiel S. 84 gestaltet. Die beiden Buben mit den schwarzen Gesteinszeichen tragen eine Hellebarde, Herz-Bube ist als Bogenschütze, Karo-Bube als Falkner (vgl. S. 66, 76 und 120) dargestellt. Obwohl die Kostüme keiner Epoche eindeutig zuzuordnen sind, kann man bei den vorliegenden Figuren an das 18. Jahrhundert, das Rokoko, denken. Jedenfalls werden Bilder wie das vorliegende in Firmenkatalogen immer wieder als Rokoko-Bild bezeichnet. Anlaß zu dieser Benennung war neben dem Schnitt der Kostüme wohl auch die besondere Eignung der chromolithografischen Technik, das Schimmern und Glitzern kostbarer Gewandstoffe im Druck wiederzugeben. Mit dieser kostbaren Kleidung wird im späten 19. Jahrhundert die Pracht des französischen Hofes von Versailles identifiziert, jene letzte Blüte des europäischen Adels vor der Französischen Revolution. Es scheint in diesem Zusammenhang überhaupt nicht zu stören, daß die Buben in ihrer Kostümierung eher an das 16. als an das 18. Jahrhundert erinnern. – Vgl. auch Abb. S. 37.

Lit.: Braun Nr. 162

Whist No. 178

Um 1895
9,2×6 cm
Steuerstempel: Kaiserreich
RS: Bildnis-Medaillon, dreifarbig
53 Blatt in Schachtel
Inv.-Nr. 1980–193

Der Typus des hier abgebildeten Spiels ist in der Sammlung des Deutschen Spielkarten-Museums in zwei Beispielen aus der Zeit vor 1906 vertreten. Das abgebildete Spiel zeigt Indices in englischer Sprache und einen Steuerstempel des deutschen Kaiserreiches. Das nicht abgebildete Spiel, Whist Karte No. 187 (Inv.-Nr. 1980-195), hat Indices in deutscher Sprache. Es hat ferner das Format von Patience-Karten (7,5×5 cm). Beide Spiele haben noch keine Randmarken im späteren Sinne.

Die Erinnerung an das Rokoko ist im Kostüm und Stil deutlicher als beim vorigen Spiel (s. auch S. 106). Changierende Kleiderstoffe bei den Königen, luxuriöse Accessoires wie Kette, Krönchen, Spiegel oder Fächer aus Pfauenfedern bei den Damen sollen die Assoziation an die Zeit vor der Französischen Revolution erzeugen.

Das Bild auf der Rückseite weist auf den Zusammenhang zwischen der Zeit um 1900 und dem Rokoko-Geschmack hin. Abgebildet ist hier ein Mädchen in antikem Gewand mit Blumen im Haar. In dieser Weise werden junge Frauen in der zeitgenössischen Porträtfotografie häufig dargestellt.

Das Spiel ist bis in die Zeit um 1935 (Musterbuch DSM Nr. X) im Sortiment der Firma Dondorf bzw. der Vereinigten Altenburger und Stralsunder Spielkartenfabriken, Altenburg, nachweisbar, meist als Patience-Spiel (Patience-Karten No. 187, Inv.-Nr. A 1267). In der Sammlung Fournier, Spanien, ist das Spiel mit dem Porträt der Königin Wilhelmina von Holland vorhanden, die Beschriftung «Wilhelmina» dient als Rückseitenmuster (Mitteilung der Firma Fournier).

Lit.: Braun Nr. 324; Buß S. 85; Fournier Nr. 182.

Schweizer Trachten, Whist No. 174

Vor 1906
9,2 × 6 cm
RS: Edelweiß
53 Blatt in Schachtel
Inv.-Nr. 1980-192

Als Modernisierung des älteren
Schweizer Souvenir-Spiels (vgl. 82)
für die aufwendige Vielfarbenchromo-
lithografie kann diese Schweizer
Trachten-Karte angesehen werden.

Dieses Spiel ist in mehreren Exem-
plaren vor der Firmenumbenennung
im Jahre 1906 nachweisbar und bleibt
bis in die Zeit um 1935 im Sortiment
der Firma Dondorf bzw. der Vereinigten Altenburger und Stralsunder
Spielkartenfabriken, Altenburg (vgl.
Musterbuch DSM Nr. X).

Auf den As-Karten sind je zwei
Sehenswürdigkeiten des Reiselandes
Schweiz abgebildet. Die Könige sind
Ratsherren bzw. Landsknechte, beide
mit wallenden Bärten, aus den vier
Schweizer Städten Zürich, Genf, Bern
und Basel. Die Damen und Buben zeigen junge Frauen und Männer in den
Trachten einzelner Kantone. Die Beschriftungen sind immer auf Spruch-
bändern, die um die Mittellinie wehen,
angegeben. Die chromolithografische
Technik ahmt hier die wechselnde
Farbhelligkeit und Farbdichte einer
wohl aquarellierten Vorlage nach. Sie
erinnern damit an Zeichnungen, wie
man sie auf einer Reise gemacht
haben könnte.

Lit.: Bachmann Abb. 6; Braun Nr. 167;
Fournier Nr. 230.

91

Shakespeare-Spielkarte, Whist No. 192

Vor 1906
9,2 × 6 cm
RS: Vignette in Gold auf
zweifarbig braunem Grund
53 Blatt und Erläuterungskarte
in Schachtel
Inv.-Nr. 1980-196

Seit dem Beginn des 19. Jahrhunderts
ist es üblich, Schauspieler in dieser
oder jener Rolle als König, Dame und
Bube posieren zu lassen (vgl. Hoffmann, Spielkarten Kat. Nr. 80 bis 83).
Jeweils einem Theaterstück waren
schon die Cotta'schen Spielkarten-
Almanache für 1805 («Jeanne d'Arc»
von Schiller) und 1806 («Wallenstein»
von Schiller) gewidmet. Die Dramen
William Shakespeares spielen in Male-
rei und Grafik des späten 18. und des
gesamten 19. Jahrhunderts eine bedeutende Rolle. Ausschließlich Shake-
speare gewidmete Spielkarten gibt es
jedoch unseres Wissens nicht vor
1900. In England erschien um 1904
das Spiel «Shakespearean Cards» nach
den Entwürfen von F. C. Tilney (Re-
print Waddington 1975; frdl. Mitteilung von Edwar Hallam, England).
Die Firma Piatnik, Wien, brachte
1967 das Spiel «The Wars of the Ro-
ses» nach den Entwürfen von Donald
Burton heraus.

Die Möglichkeit, durch die Technik
der Chromolithografie changierende,
unruhige Farbflächen zu erzeugen,
wird in diesem Spiel mit besonderer
Bravour genutzt. Kein Stoffteil und
kein Inkarnat, das nicht aus mindestens drei übereinander gedruckten
Farbtönen zusammengesetzt ist. Die
Damen zeigen darüber hinaus auf
Fahnen oder im Ornament des Ge-
wandes die Zeichen der jeweiligen
Spielfarbe. Die Könige und die Damen
haben einen ernsten Gesichtsausdruck,
die Buben einen verschmitzten. Durch
eine beigegebene Erläuterungskarte
sind die Figuren genau nach Rolle und
Theaterstück bezeichnet. Die Kostüme
sind so phantastisch wie möglich,
wenn auch einzelne Elemente an die
Tudorzeit bzw. an das Mittelalter erinnern. Verpackung und Rückseite sind
in Braunton mit Goldaufdruck gehal-
ten, was wohl an alte lederne Buchein-
bände erinnern soll.

Das hier abgebildete Spiel und ein
weiteres Exemplar in der Sammlung
des Deutschen Spielkarten-Museums
(Inv.-Nr. 1980-197 mit österreichischem Steuerstempel «K. K. Kartenstempel 120») können auf Grund der
Firmierung vor 1906 datiert werden.
Beide Spiele haben englische Indices,
die später üblichen Randzeichen fehlen. In den Katalogen der Firma Dondorf, die um 1912 datiert sind, erscheint das Spiel mit dem Vermerk:
«Diese Spielkarten dürfen nach England, den engl. Kolonien und Amerika
nicht geliefert werden.» Spätere Auflagen sind durch die genannten Musterbücher im Deutschen Spielkarten-
Museum belegt bis um 1935 (Musterbuch Nr. X) sowie durch Inv.-Nr.
B 491 (mit deutschen Indices und
Randzeichen) und Inv.-Nr. 1977-6
(mit englischen Indices und aufwen-
digem Schuber).

Lit.: Bachmann Abb. 16; Braun Nr. 166;
Pitanik Kat. Nr. 22; Die Spielkarte 1967/4/
S. 64–65.

SHAKESPEARE SPIELKARTEN

Erklärung der Bild-Karten:

♣
König : Richard III.
Dame : Lady Anna   (Richard III.)
Bube : Jacques   (Wie es Euch gefällt)

♥
König : Heinrich V.
Dame : Katharina   (Heinrich V.)
Bube : Hubert de Burgh   (König Johann.)

♠
König : Claudius König v. Dänemark   (Hamlet)
Dame : Gertrude Königin v. Dänemark (Hamlet)
Bube : Totengräber   (Hamlet)

♦
König : Heinrich VIII.
Dame : Katharina v. Arragonien   (Heinrich VIII.)
Bube : Sir Thomas Lovell   (Heinrich VIII.)

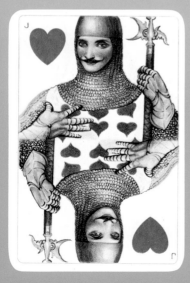

"LAUGH! AND THE WORLD LAUGHS WITH YOU."

94

Hohenzollern-Karte

Vor 1906
9×5,9 cm
RS: Wappen nach dem Stammwappen des Hauses Hohenzollern
6 Blatt erhalten
Inv.-Nr. 1980-268

Das Hohenzollernspiel ist sehr selten; ein vollständiges Exemplar ist uns bisher nicht bekannt geworden. Unklar ist auch der Anlaß für seine Herstellung. Da die Firma auf dem Treff-Buben mit «B. Dondorf Frankfurt a. M.» firmiert, muß die Karte vor 1906 datiert werden. Das Wappen auf der Rückseite ist nach dem Stammwappen des Hauses Hohenzollern gestaltet und trägt den Spruch: «alle weg guet zollre». In einer Privatsammlung erhaltene weitere Blätter des Spiels zeigen als Könige den Großen Kurfürsten und Friedrich II. Da die Herz-Dame Kaiserin Auguste Viktoria ist, kann vermutet werden, daß der Herz-König Kaiser Wilhelm II. persönlich ist. Als Bube erscheinen ein Heeres- und ein Marineangehöriger, letzterer nach Aufschrift auf seiner Mütze Matrose auf der kaiserlichen Jacht «Hohenzollern». Der Karo-Bube ist ein historischer Soldat, dem Großen Kurfürsten zuzuordnen.

Die Figuren sind so gezeichnet, als ob die Vorbilder Porträt gesessen hätten. Die Stilisierung bis hin ins Phantastische, charakteristisch für viele Kartenspiele, weicht hier einem ausgesprochenen Realismus.

Lit.: Braun Nr. 213

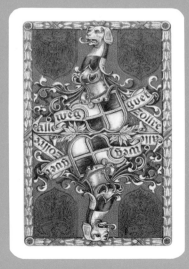

Hauptstädte-Piquet No. 223

Nach 1906
9,2 × 6,2 cm
RS: Vignette in Dunkelbraun und
Gold auf braunem Grund
36 Blatt in Schachtel
Inv.-Nr. 1980-201

Auf den As-Karten sind je zwei Ansichten europäischer Hauptstädte abgebildet. Lediglich die Schweiz ist durch
die Ortschaft Zermatt mit dem Mat-
terhorn vertreten. Auf Herz-As ist die
Hauptstadt Rußlands mit St. Petersburg bezeichnet. Diese Bezeichnung
findet sich auf allen in der Sammlung
vorhandenen Spielen (etwa Patience-
Karten No. 229, Inv.-Nr. A 1266).
Der späteste Nachweis für das Spiel
ist das Musterbuch DSM Nr. X von
ca. 1935. Leider fehlen in den späteren
Musterbüchern gerade die Herz-As-
Karten, so daß nicht geklärt werden
konnte, ob nach dem Ersten Weltkrieg
St. Petersburg in Leningrad umgeän-
dert wurde oder gar gegen die Hauptstadt der Sowjetunion Moskau ausge-
tauscht wurde.

Von diesem Spiel gibt es eine ein-
fachere Ausführung, deren As-Karten
nicht verziert sind (Whist No. 222,
Inv.-Nr. 1980-200), und die gelegentlich mit Rückseite im Diagonalmuster
angeboten wurde.

Der grafische Reiz der Karten beruht stark auf dem zeichnerischen Stil.
Die Striche der zeichnenden Feder
sind sowohl bei den As- wie bei den
Figurenkarten klar erkennbar. Bei den
Damen und Buben ist die Zeichnung
darüber hinaus auch noch durch eine
starke Neigung zum Ornamentalen
gekennzeichnet, etwa die Schleier

und Bänder der Damen. Damit läßt
das Spiel Einflüsse des Jugendstils
erkennen. Entsprechend tritt die aufwendige Chromolithografie, etwa der
Shakespeare-Karte (vgl. S. 92) hier
zugunsten klarer Farbflächen zurück.
Vergleiche in diesem Zusammenhang
auch S. 186.

Lit.: Braun Nr. 175

Whist No. 268

Um 1912
8,6 × 5,6 cm
RS: Diagonalgitter in Rot bzw. Blau
12 Blatt erhaltten von 52
Musterbuch DSM Nr. X

Dieses Spiel, das in den Katalogen II
und III (um 1912) zuerst nachweisbar
ist, fehlt in der Sammlung des Deutschen Spielkarten-Museums. Die
zwölf Figuren-Karten sind in das
Musterbuch Nr. X (um 1935) eingeklebt.

Die Karten wurden mit fünf Farben
gedruckt, wie bei den «Hauptstädte»-
Karten (vgl. S. 98) dominiert die
Zeichnung. Möglicherweise stellen
diese Karten den Versuch der Firma
Dondorf dar, ein neues Standardbild
mit französischen Farben in Deutschland einzuführen. Dafür spricht, daß
die Karten spieltechnisch durchgeplant
sind. In jeder Spielfarbe dominiert
eine, bzw. dominieren zwei Buntfarben: bei Treff ist dies Rot und Blau,
bei Pik Dunkelgrün und Rot, bei Herz
Rot und Gelb und bei Karo Umbra-
grün und Rot. Während die Könige
mit ihrer Krone genau die rahmende
Linie berühren, wirken die Damen erheblich kleiner, weil sie ein bis zwei
Millimeter Abstand von der rahmen-
den Linie halten. Die Buben mit ihren
aufwendigen Kostümen, die an die
Landsknechtstrachten des 16. Jahrhunderts erinnern sollen, werden mit
Hut und Waffe durch die Randlinie
angeschnitten.

Lit.: Braun Nr. 209

Piquet No. 151

Vor 1912
9,2×6 cm
RS: Flechtwerk und Ranken
in Blau und Gold
36 Blatt in Schachtel
Inv.-Nr. 1980-188

Wie viele andere Spiele wurde auch
dieses als Piquet-Spiel mit 36 Blatt
und als Whist (No. 150, Inv.-Nr.
1980-249) mit 52 Blatt ausgeliefert.
Das Spiel ist in den Katalogen I bis III
von 1912 zuerst nachweisbar. Nach
Auskunft des Musterbuchs Nr. XII
im Deutschen Spielkarten-Museum
(1935–40) ist das Spiel mit zehn
Farben zuzüglich der schwarzen und
roten Gesteinszeichen, also insgesamt
mit zwölf Steinen gedruckt worden. Die
As-Karten sind mit scheinbar skulpier-
ten Blumenranken grau in grau geschmückt. Alle Figurenkarten füllen
das Blickfeld besonders mächtig aus.
Die Kostüme scheinen an das späte
Mittelalter erinnern zu wollen, die Rüstungen der Buben sind wohl ebenso
zu interpretieren. Wie wenig es dem
Zeichner auf genaue Darstellung der
historischen Kleidung ankam, wird an
dem Treff-Buben deutlich, der –
obwohl er ein Barett auf dem Kopf
trägt – in seiner linken Hand einen
Helm hält. Manche Figuren sind in
mehreren anderen Spielen nachweisbar, so Herz-Bube mit dem Falken
und Karo-Dame mit dem Fächer aus
Pfauenfedern.

Lit.: Braun Nr. 214

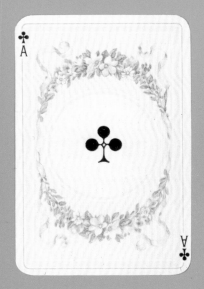

Baronesse, Whist No. 160

Vor 1912
9,2 × 6 cm
Steuerstempel: Weimarer Republik
RS: Rosenarrangement
54 Blatt in Schachtel
Inv.-Nr. 1980-190

Unter dem Namen «Baronesse» befindet sich im heutigen Sortiment mehrerer Spielkartenfabriken ein Kartenbild, das im Katalog I der Firma Dondorf von 1912 zum erstenmal nachweisbar ist. Sämtliche Figuren dieses Spiels tragen weißgepuderte Perücken und samtene Kleider, die Herren darüber hinaus Krawatten, die Damen Perlenkette und Dekolleté.

Dieses Spiel ist sowohl in dem Musterbuch Nr. IV als auch in Nr. X von ca. 1935 nachweisbar. Nach Ausweis von Nr. X ist die Rosen-Rückseite die alte Rückseite des Dondorf-Spiels No. 160, welche auch auf Seite 108 abgebildet ist.

Nach dem Zweiten Weltkrieg wurde das Spiel sowohl von der VEB Altenburger Spielkartenfabrik (DDR) als auch von der ASS-Spielkartenfabrik, Leinfelden-Echterdingen, hergestellt. Die VEB Altenburg nannte das Spiel «Rokoko» (Inv.-Nr. 1980-254), die ASS, Leinfelden-Echterdingen, nennt es «Baronesse» (Fabriknr. 1174/9). Während das Spiel noch in den dreißiger Jahren mit Lithosteinen gedruckt wurde, scheint die Umstellung auf den Buch- bzw. Offsetdruck schon vor 1945 erfolgt zu sein, das älteste Belegstück ist «Bridge No. 160» (Inv.-Nr. 1980-250), das nach der Übernahme der Firma B. Dondorf durch die ASS in Altenburg (1933)

mit der Firmierung auf der Schachtel «B. Dondorf Frankfurt/Main Spielkartenfabrik G.m.b.H. in Altenburg/Thür.» herausgebracht wurde.

Ein unzerschnittener Bogen mit dem Andruck für dieses Spiel mit Datumstempel vom 1. 11. 1941 befindet sich in der Sammlung des Deutschen Spielkarten-Museums (Inv.-Nr. A 1245). Aus diesem Bogen geht hervor, daß das Spiel mit 12 Farben gedruckt wurde.

Für den Offsetdruck mußten neue Vorzeichnungen gemacht werden, die für «Baronesse» sind in der Sammlung des Museums erhalten (vgl. S. 109).

Das Spiel wurde nach dem Zweiten Weltkrieg auch für den Export nach Dänemark hergestellt (Inv.-Nr. 1980-257).

Lit.: Braun Nr. 222

107

Empire-Spiel, Whist No. 170

Um 1906
9,2×6 cm
Steuerstempel: Weimarer Republik
RS: Rosen auf rosa Grund
53 Blatt
Inv.-Nr. 1980-214

Die Kostüme der Figuren lehnen sich hier stärker an die Zeit um 1800 an, die Zeit des Zopfes und der Perücken ist vorbei. Die Buben erinnern zuweilen in ihrer Kleidung an die Französische Revolution. Die Attribute der Damen, die nun Hüte mit Kinnband tragen, sind Rosen, Fächer, Vögelchen oder Brief, die der Buben Pfeife, versiegelter Brief, Rosenstrauß oder Dolch. Die Könige sind wie immer mit ihren Insignien geschmückt, hier jedoch – ähnlich wie im «Baronesse»-Spiel (S. 106) – bartlos. (Vgl. abgesehen von S. 111 auch das Umschlagetikett des vorliegenden Buches, auf dem der Treff-Bube dieses Spiels wiedergegeben ist.)

Nach Ausweis des Musterbuchs Nr. XII im Deutschen Spielkarten-Museum wurden die Figuren des Whist No. 170 mit 13 Farben gedruckt, hinzu kamen die schwarzen und roten Gesteinszeichen. Neben den deutschen Randmarken ist dieses Spiel auch mit englischen belegt (Musterbuch DSM Nr. XII, fol. 11).

Das abgebildete Spiel ist, da Dondorf als GmbH firmiert, nach 1906 entstanden. E. Hamelton, London, der von 1896 bis 1906 deutsche Spielkarten importierte, vertrieb auch dieses Spiel. Ein heute im Besitz von John Lennox befindliches Exemplar mit englischen Indices wurde nach mündlicher Überlieferung 1904 in Glasgow gekauft; Beschriftung der Schachtel: «The Imperial pack of the Unique Playing Cards No. 172» (frdl. Mittlg. John Lennox).

Lit.: Braun Nr. 169; Fournier Nr. 186.

Whist No. 232

Um 1912
9,2 × 6 cm
RS: Vignette in Gold und Rot
53 Blatt in Schachtel
Inv.-Nr. 1980-202

Die As-Karten sind durch Efeuranken –
bei Pik und Treff mit grünem, bei
Herz und Karo mit herbstlich gelbro-
tem Laub – geschmückt. Könige, Damen und Buben sind in phantasievolle
Kostüme gekleidet. Barett und Degen
zeichnen die Buben, Halskrausen und
Amtsketten die Könige aus. Die Damen erinnern in Gesichtsausdruck und
Frisur an Porträts von Damen der
Jahrhundertwende. Alle Figuren haben große leuchtende Augen.

Dieses Spiel, das nicht nur als
Whist, sondern auch als Piquet No.
233 (Inv.-Nr. 1980-240 mit Steuerstempel Kaiserreich) und Patience No.
235 (Inv.-Nr. B 506) ausgeliefert wurde, ist noch im Musterbuch Nr. X von
ca. 1935 nachweisbar.

Es wurde nach dem Zweiten Weltkrieg für den Export nach Dänemark
hergestellt, Andrucke nebst Begleit-
schreiben von 1955 befinden sich im
Deutschen Spielkarten-Museum (vgl.
auch «Bridge No. 35, Dondorf'sche
Billeder», ohne Firmenangabe, 1956,
Inv.-Nr. 1980-258).

Lit.: Braun Nr. 216; Fournier Nr. 184.

Kleine Patience-Karte No. 26

Um 1912
5,4×3,7 cm
RS: Vignette in Rot auf rosa Grund
12 Blatt erhalten von 52
Inv.-Nr. A 1255

Ähnlich wie die Patience-Karten S. 80 zeigen auch die vorliegenden Karten Kinder als König, Dame und Bube. Im Unterschied zum älteren Spiel wurden den Kindern keine Bärte umgehängt. Die Damen sind mit Rosenstrauß, Buch und Blumen versehen, die Buben erscheinen als Narr (Treff), Nachtwächter (Pik), Bergmann (?) mit Laterne (Herz) und Soldat (Karo).

Die vorliegenden Karten wurden aus einem Musterbuch herausgetrennt. Das Spiel ist in Dondorfs Firmenkatalog von 1912 zum erstenmal nachweisbar. Es wurde in der gesamten Epoche der Weimarer Republik vertrieben und ist auch noch im Musterbuch X von ca. 1935 aufgeführt.

Lit.: Braun Nr. 686

Medicäer Spielkarte, Whist No. 272

Nach 1912
9,2 × 6 cm
Steuerstempel: Weimarer Republik
RS: Medici-Wappen in Gold auf Blau
bzw. Rot
2 × 53 Blatt, je in Schuber
mit Erläuterungskarte
Inv.-Nr. 1980-199

Die Medicäer-Karte ist in dem Don-
dorfkatalog Nr. I von 1912 nicht verzeichnet, jedoch in Katalog Nr. II und
III enthalten, die beide noch vor Ende
des Kaiserreichs erschienen sind. Allerdings fehlen die Karten in den
Musterbüchern Nr. IV bis IX des
Deutschen Spielkarten-Museums und
finden sich erst wieder in dem Musterbuch Nr. X von ca. 1935. Aus den Katalogen geht hervor, daß das Spiel als
Whist No. 272 (wie das vorliegende)

und als Piquet No. 273 mit 36 Blatt
verkauft wurde.

Auf den As-Karten sind Bauwerke
dargestellt, die in der Geschichte
des florentinischen Fürstengeschlechts
eine Rolle gespielt haben. Eine dem
Spiel beigegebene Erläuterung in italienischer Sprache benennt sowohl die
dargestellten Personen als auch die
Gemälde samt deren Aufbewahrungs-
ort, nach denen die Personen auf den
Spielkarten wiedergegeben sind.

Da alle Erläuterungen (auch die
eines zweiten Exemplars, Inv.-Nr.
A 1431) in italienischer Sprache
abgefaßt sind, ist es möglich, daß
dieses Spiel vor allem für den Export
nach Italien hergestellt wurde.

Lit.: Bachmann Abb. 16; Braun Nr. 212.

Seme	Qualifica	Personaggio	Autore del Quadro	Galleria ove si trova		
♣	RE	Cosimo I	Bronzino	Belle Arti - Firenze		
	REGINA	Eleonora da Toledo	id.	Uffizi	—	"
	FANTE	Giovanni di Cosimo I	id.	id.	—	"
	ASSO	Palazzo Vecchio – loro dimora	—		—	
♡	RE	Francesco I	Bronzino	Uffizi	— Firenze	
	REGINA	Bianca Cappello	id.	id.	—	"
	FANTE	Don Antonio	id.	id.	—	"
	ASSO	Villa Poggio Caiano – loro dimora	—		—	
♠	RE	Ferdinando I	Bronzino	Uffizi	— Firenze	
	REGINA	Maria de' Medici	Pourbus	"	—	"
	FANTE	Lorenzo di Ferdinando I de Medici	Bronzino	"	—	"
	ASSO.	Palazzo Riccardi – loro dimora	—		—	
♢	RE	Ferdinando II	Sustermans	Pitti	— Firenze	
	REGINA	Vittoria della Rovere	id.	id.	—	"
	FANTE	Matteo de' Medici	id.	id.	—	"
	ASSO	Palazzo Pitti – loro dimora	—		—	

Mecklenburger Spielkarte

Um 1912
9,2 × 6 cm
RS: unbedruckt bzw. mit Wappen
Mecklenburg-Schwerin
9 Blatt erhalten von 53
Inv.-Nr. 1980-267

Die Mecklenburger Spielkarte ist in der Sammlung des Deutschen Spielkarten-Museums nur unvollständig dokumentiert. Die neun vorhandenen Figurenkarten sind verblichen, ihre Rückseiten unbedruckt. Außer den Figurenkarten befinden sich noch fünf weitere Karten in der Sammlung; ihre Rückseite zeigt das siebenfeldrige Wappen des Hauses Mecklenburg-Schwerin. Herr Lanzius (Stiftung Mecklenburg, Bibliothek) vermittelte die Kenntnis der Broschüre, die dem Spiel beigegeben war. Daraus nachfolgende Hinweise zu den dargestellten Persönlichkeiten: «Die Bildnisse unseres Kartenspiels sind der neueren mecklenburgischen Geschichte vom 16. bis in den Anfang des 19. Jahrhunderts entnommen: die Könige sind Herzöge und die ersten Großherzöge von Mecklenburg, die Damen mecklenburgische Fürstinnen, die Buben mecklenburgische Staatsmänner und Beamte, die Asse endlich stellen mecklenburgische Landschaften dar.» Offen ist der Anlaß, aus dem die Karte erschien. 1897 starb der Großherzog Friedrich Franz III., sein Sohn übernahm 1901 die Regierung. Dessen Eheschließung 1904 wurde groß gefeiert. – Die Karte ist zum erstenmal im Dondorf-Firmenkatalog Nr. II verzeichnet, muß somit um 1912 datiert werden. Doch es ist denkbar, daß die Karte schon zu einem früheren Anlaß gedruckt wurde, jedoch erst später ins Sortiment der Firma kam. Nach Ausweis des Musterbuchs Nr. X (um 1935) befanden sich die Steine damals noch in Altenburg, im Katalog der Firma Dondorf (DSM Nr. II) ist es als Whist No. 276 und als Piquet No. 277 vermerkt. (Wir danken Dr. C. G. Herzog zu Mecklenburg, Dr. O. H. Faull, F. W. Giebel und H. Lanzius für freundliche Hinweise.)

Lit.: Braun Nr. 170

Königin-Karte, Whist No. 402

Vor 1928
9,2 × 6 cm
Steuerstempel: Weimarer Republik
RS: Vignette in Rot auf Gold
52 Blatt in Schuber
Inv.-Nr. 1980-205

Das Spiel, das sich noch heute unter
dem Namen «Königin» im Sortiment
der ASS-Spielkartenfabrik befindet, ist
im Musterbuch Nr. IV des Deutschen
Spielkarten-Museums aus der Zeit um
1928 zum erstenmal nachweisbar. Zu
dieser Datierung paßt, daß das abgebildete Spiel (das älteste erhaltene in
der Sammlung des Museums) mit dem
Steuerstempel der Weimarer Republik
auf Herz-As versehen ist.

Die Kostümierung der Figuren läßt
Anlehnungen an spätmittelalterliche
Trachten erkennen (Falkner auf
Treff-Bube und Armbrustschütze auf
Pik-Bube). Herz- und Karo-Bube
scheinen dagegen Motive des Malers
Frans Hals zu verarbeiten.

Einzelne Figuren sind schon seit
den frühen Spielen der Dondorf'schen
Produktion nachweisbar, z. B. der
Falkner auf Treff-Bube (vgl. S. 86).
Im Stil werden alle Möglichkeiten der
Chromolithografie genutzt, versiert
und routiniert, jedoch ohne den
Charme der frühen Produktion.

Die Königin-Karte hat ihre Beliebtheit bis heute nicht verloren. Neben
der Firma ASS in Leinfelden-Echterdingen stellte auch die VEB Altenburger Spielkartenfabrik, DDR (Inv.-Nr.
1980-260, um 1960), diese Karten im
Offsetdruck her.

Lit.: Braun Nr. 223

121

Jägerkarte No. 465

Um 1930
9,2 × 6 cm
Steuerstempel: Weimarer Republik
RS: «Weidmanns Heil», Geweihe,
Schießscheibe auf grünem Grund
36 Blatt in Schachtel
Inv.-Nr. B 411 (Zug. Nr. 1951/77)

Die Jägerkarte ist zum erstenmal auf
Blatt 25 des Musterbuches Nr. VIII
im Deutschen Spielkarten-Museum,
das vor 1933 zusammengestellt wurde,
nachweisbar. Das Musterbuch stammt
zwar aus jenem Zeitraum, in dem sich
die Besitzverhältnisse änderten, bis
Blatt 36 sind hier jedoch nur Karten
der Dondorf'schen Produktion ver-
sammelt. Die Jägerkarte kann daher
um 1930 datiert werden, der Firmen-
vermerk auf Treff-Bube «B. Dondorf
GmbH, Frankfurt A/M» bestätigt die
Dondorf'sche Produktion.

Könige, Damen und Buben im
Jagdkostüm sind seit der Mitte des
19. Jahrhunderts beliebt. Da die Zahl
der Jäger nicht klein war, wendeten
sich die Firmen an einen überschauba-
ren, meist wohlhabenden Käuferkreis.

Von den Königen haben die Jäger
den weißen, wallenden Bart übernommen, darin macht auch «Sanct Huber-
tus», der Patron der Jäger, keine Aus-
nahme (Herz-König). Als Damen erscheinen zwei Frauen im Jagdkostüm
(hier ist das Schönheitsideal der zwanziger Jahre spürbar), begleitet werden
die beiden selbstbewußten Damen von
einem alten Mütterlein mit Holzbün-
del (Pik-Dame) und einer Kellnerin,
wohl vom Schützenfest (Treff-Dame).
Die Buben sind – im Gegensatz zu den
Königen – bartlos, Treff-Bube stellt

das jugendlich-sportliche Männerideal
dar, Herz-Bube hingegen den aristo-
kratischen Jagdgeck, der selten in
einem Jagdspiel fehlt.

Lit.: Braun Nr. 168

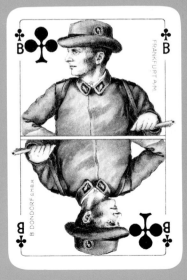

Peters Union Reifen

Um 1930
9,2×5,9 cm
RS: «Peters Union Reifen»
20 Blatt erhalten von 52
Inv.-Nr. 1980-266

Werbekarten gibt es seit dem letzten Viertel des 19. Jahrhunderts. Seit dem Beginn unseres Jahrhunderts wird zunehmend die Rückseite der Spielkarten zu Werbezwecken verwendet; oft bleibt dabei die Vorderseite unverändert, sie zeigt dann das regionale Standardbild. R. Booch belegt dies in seiner Schrift wie folgt: «Einige Zeit nach der Inflation hatte sich der Absatz sehr vermehrt dadurch, daß zahlreiche Firmen Spielkarten mit Reklame auf

der Rückseite bestellten, die sie ihren Kunden zum Geschenk machten.»

In den zwanziger Jahren sind jedoch häufig Spielkarten belegt, die auch die Vorderseite für Werbezwecke umgestalten. So die Dondorf'sche Werbekarte für «Peters Union Reifen». Das Fahrrad ging schon seit dem Ende des 19. Jahrhunderts in die Massenproduktion. Seit Ende der zwanziger Jahre nahmen die Versuche zu, das Auto nicht nur zu einem Verkehrsmittel für reiche Leute zu machen. Damit war eine Werbung für Reifen sinnvoll, die sich an Fahrrad-, Motorrad- und Autofahrer wandte.

Während die Buben Chauffeure und Monteure sind, sehen wir auf den Damen-Karten selbstbewußte, sportliche Frauen am Steuer. Die Könige stellen siegreiche Rennfahrer dar. Das im Besitz des Deutschen Spielkarten-Museums befindliche Spiel ist leider unvollständig. Die Firmenbezeichnung «B. Dondorf GmbH Frankfurt A/M» steht – wie üblich – auf Treff-Bube.

Lit.: Braun Nr. 207

Saks-Werbespiel

Um 1930
9,2 × 6 cm
RS: Springende Katzen
2 × 54 Blatt in Schachtel
Inv.-Nr. 1980-273

In einem Dondorf'schen Musterbuch vom Ende der 1920er Jahre, das sich in einer Privatsammlung befindet, sind neben anderen Werbespielen auch die hier beschriebenen Karten für die Firma Saks & Co., New York, enthalten. Die Werbespiele des Musterbuches tragen die Nummern 860–999, das Saks-Werbespiel die Nr. 909 und den handschriftlichen Vermerk «Extra Bild» (frdl. Mittlg. Franz Braun). Alle Rechte an den Spielkarten hatte, wie auch aus der Beschriftung hervorgeht, die auftraggebende Firma. Gedruckt wurden sie sicher von Dondorf.

Nach dem «Forcolor»-Prinzip (siehe unten S. 164) ist jeder Spielfarbe eine Buntfarbe zugeordnet: Karo = Orange, Herz = Rot, Pik = Schwarz, Treff = Grün. Die jeweilige Buntfarbe dominiert auch die Figurenkarten. Die Zeichnung ist jedoch keine Anpassung an bestehende Bilder, sondern eine künstlerische Umsetzung der Kartenbilder in Gebrauchsgraphik, die sich am Expressionismus orientiert.

Lit.: Braun Nr. 206

Dondorfs Hundertjahrkarte

1933
9,2 × 6 cm
Steuerstempel: Weimarer Republik
RS: Jugendlicher Ritter vor
der Wartburg
2 × 54 Blatt, Bridge-Anleitung und
Textblatt in Schachtel
Inv.-Nr. 1980-213

1933 war die Firma Dondorf 100 Jahre alt. Zu dieser Zeit befand sie sich schon nicht mehr im Besitz der Familie Dondorf. Die Nachbesitzer jedoch führten die Firma unter dem ursprünglichen Namen vorerst weiter. So war es fast selbstverständlich, das Firmenjubiläum mit einem besonders kostbar gedruckten Kartenspiel zu begehen.

In ihrer strengen Stilisierung unterscheiden sich die Bilder der Hundertjahrkarte deutlich von den früheren historisierenden Dondorf'schen Karten. Auf den älteren Spielen wenden sich die Figuren bewegt, ernst oder heiter an den Betrachter. Die neuen Figuren zeichnet eine heroische Strenge aus, wie man sie in den 1930er Jahren in der Uta des Naumburger Doms oder dem Reiter des Bamberger Doms als typisch für das Mittelalter erkennen wollte. Während frühere Kartenbilder die chromolithografische Technik zu einer changierenden Plastizität verwenden, wird nun die Farbvielfalt (es wird von 28 Steinen gesprochen) zur Gestaltung der flächigen Muster und Ornamente der Kostüme eingesetzt, gegen die sich die veristischen Gesichter absetzen. Der Hintergrund ist bei der Hundertjahrkarte nicht – wie bei früheren Beispielen – einfarbig, vielmehr sind links und rechts der Hauptfiguren kleinere, begleitende Personen zu sehen. Die Hintergründe sind motivisch gestaltet, Burgen, Teppich- und Wandmuster, Girlanden, Spitz- sowie Rundbogenarchitekturen sind in zarten Farben angedeutet.

Während die formale und inhaltliche Auffassung des Mittelalters ihre Wurzeln in den 1920er Jahren hat – verwiesen sei etwa auf Fritz Langs Nibelungenfilme –, zeigt die Begleitschrift schon deutlich Züge des Entstehungsjahres 1933. Die mit dem Untertitel «Ein deutsches Kartenspiel» versehene Schrift beginnt: «Ein deutsches Kartenspiel nennen wir das Blatt, das wir unseren Freunden zur Feier und zum Gedenken an das hundertjährige Bestehen unseres Hauses überreichen. Ein deutsches Spiel – nicht nur nach seiner Herkunft, sondern auch nach seiner Kunst und seiner Art.» Die Arbeit des nicht namentlich genannten Künstlers und seine Interpretation der Figuren des Kartenspiels wird wie folgt beschrieben: «Der Künstler, der es geschaffen hat, ist im Besitz jener letzten künstlerischen Reife, die handwerkliches Können, edlen Geschmack und die Fülle der Einbildungskraft zum beglückenden Ganzen zusammenzuschließen vermag; er hat das offenste Auge für die Schönheit unserer alten deutschen Kunst und das lebendigste Gefühl für die Idealität unserer deutschen Vergangenheit. So konnte es ihm gelingen, in den überlieferten Figuren des Kartenspiels die Kräfte und Tugenden deutschen Wesens zu verkörpern: In den Königen, auf Kirche und Heer gestützt, die Gründer und Mehrer des

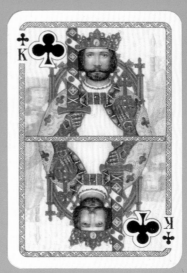

129

Reiches, die Förderer und Schützer von Handel und Handwerk, Schiffahrt und Landwirtschaft, die Wahrer unserer deutschen Art von erhabenem Ernst bis zur ausgelassenen Fröhlichkeit. In den Damen die edlen Frauen und die ihnen anvertrauten Gewalten der Liebe, der häuslichen Tugenden, des Schutzes über die Werke der Frömmigkeit und Barmherzigkeit und der schönen Künste. In den Buben die Ritterlichkeit, die Jagdfreude, die Dichtung und Gelehrsamkeit. Er hat schließlich die Rückseite des Blattes mit dem Bild der Wartburg geschmückt und dergestalt dieses Spiel auch örtlich im Herzen der deutschen Landschaften verankert; dort, wo mehr als einmal deutsches Wesen in großen Erhebungen gipfeln durfte, möge man dabei an die heilige Elisabeth oder an Dr. Martin Luther, an Walther von der Vogelweide und Wolfram von Eschenbach oder an das Kunstwerk Richard Wagners denken. Einem solchen Werk durch unsere Einrichtungen die angemessene Verbreitung zu schaffen, ist uns eine große Freude; doch sei auch dabei derer nicht vergessen, die durch ihre Begabung und ihre Arbeit unsere deutsche vervielfältigende Kunst instand gesetzt haben, die zarte Schönheit der künstlerischen Erfindung in so vollendeter Weise wiederzugeben. Und so gehe es denn hinaus: In jedem Sinn ein Zeugnis deutscher Art und deutscher Kunst.»

Da die Firma Dondorf 1929 an Flemming & Wiskott verkauft wird, nehmen viele an (so Franz Braun in seiner Firmengeschichte von 1971), daß die Entwürfe schon 1929 fertig waren. Doch das muß nicht so sein.

Wer sich zum Verkauf seiner Firma entschließt, bereitet schwerlich das vier Jahre spätere Firmenjubiläum vor. Da Flemming & Wiskott ab Anfang 1932 seine gesamte Spielkartenproduktion nach Frankfurt verlegt, ist es durchaus sinnvoll, die Planung der Hundertjahrkarte in diesem Zusammenhang zu sehen. Ende 1932 hatte die Wirtschaftskrise ihren Höhepunkt überschritten, die Sprache des Begleitheftes legt nahe, daß die Karten nicht im Jubiläumsmonat April, sondern erst in der zweiten Jahreshälfte 1933 erschienen.

Die seit Ende 1932 zunehmende wirtschaftliche Konsolidierung mag auch erklären, wie ein so aufwendiges Produkt in so schwerer Zeit entstehen konnte. Auch der seit 1933 neue Besitzer, ASS, produziert in Frankfurt zunächst weiter und nutzt den guten Namen Dondorf.

Dem steht jedoch die Erinnerung des ehemaligen Geschäftsführers von Dondorf im Jahre 1930, Friedrich Bell, Köln, entgegen, daß die Entwürfe schon 1929 vorlagen, noch unter Federführung von Otto Dondorf entstanden. Lediglich die Rückseite sei 1933 gezeichnet worden.

Im Jahre 1975 hat die Firma ASS, Leinfelden-Echterdingen, diese berühmte Karte wieder in ihr Sortiment aufgenommen, allerdings mit neun Farben im Offsetdruck hergestellt.

Lit.: ASS: 125 Jahre Chronik, S. 20; Braun Nr. 217; MGM Nr. 181; Trumpf, Taf. S. 144.

131

Das Dondorf'sche Standardbild
mit französischen Farben

Um 1900
9 × 6 cm
Steuerstempel: Kaiserreich
RS: Diagonalgitter in Rot
32 Blatt
Inv.-Nr. A 1014

Aus dem Pariser Bild, mit den aus Romanen des Spätmittelalters hergeleiteten König-, Dame- und Bube-Figuren, entwickelten sich in Deutschland im Laufe des 19. Jahrhunderts eigene Kartenbilder, die sich nach Firmen, zuweilen sogar nach Stechern unterschieden. Vor der Mitte des 19. Jahrhunderts kristallisieren sich in manchen Gegenden oft in engem Zusammenhang mit bestimmten Firmen, regionale Standardbilder mit französischen Farben heraus (vgl. Linz, Kat. Nr. 51).

Das Dondorf'sche Standardbild mit französischen Farben muß in der Entwicklung des französischen Bildes am Mittelrhein gesehen werden. Noch vor der Mitte des Jahrhunderts ist dies in den Bildern der Firma Wüst zu fassen. Doch bestehen zwischen dem von Dondorf (gegen Ende des 19. Jahrhunderts) entwickelten Bild und dem Wüst'schen erhebliche Unterschiede. Der Wüst'sche Kreuz-Bube etwa hält in seiner rechten Hand eine Tulpe, während der Treff-Bube des Dondorf'schen Bildes seine Hand vor seiner Brust ins Wams steckt (Abb. 1; Inv.-Nr. A 1014). Vorläufer dafür sind wohl jene Bilder, die einen Buben mit Barett und Feder, Schnauz- und Knebelbart sowie Hellebarde zeigen. Er hält seine Hand auf der Brust

(Abb. 2; Zug. Nr. 1960/181) oder an derselben Stelle den Schwertgriff (Abb. 3; Inv.-Nr. B 1417). Möglicherweise besteht in dieser früheren Form ein Zusammenhang mit dem Standardbild der Vereinigten Altenburger und Stralsunder Spielkartenfabriken (vgl. Abb. 4; Inv.-Nr. A 1325).

Sicher ist, daß die Firma Dondorf ihr Standardbild neu entwerfen ließ, da direkte Vorlagen bisher nicht nachzuweisen sind. Direkte Nachfolger sind hingegen in großer Zahl bekannt z. B. Fa. Piatnik, Wien, um 1960 (Inv.-Nr. 1980-275).

In der Sammlung des Deutschen Spielkarten-Museums ist ein Spiel mit dem Dondorf'schen Standardbild aus der Zeit vor 1906 vorhanden (vgl. Abb. 5, S. 135; Inv.-Nr. A 1014, beschriftet «B. Dondorf Francfort», auf Herz-As Steuerstempel Kaiserreich). Aus der Zeit zwischen 1906 und 1918 sind zwei Spiele vorhanden (Inv.-Nr. B 391, beschriftet «B. Dondorf G.m.b.H. Frankfurt», Steuerstempel Kaiserreich, Piquet No. 106 und Inv.-Nr. 1980-238, beschriftet auf Treff-Bube «B. Dondorf G.m.b.H. Frankfurt», Steuerstempel Kaiserreich auf Herz-As, Whist No. 122). Zwei weitere Spiele sind in der Sammlung aus der Zeit nach dem Ersten Weltkrieg nachzuweisen (Inv.-Nr. B 391, Zug.-Nr. 1951/82 «Spielkarten No. 482» mit Steuerstempel Weimarer Republik auf Herz-As; ferner Inv.-Nr. B 1305 «Spielkarten No. 119», Steuerstempel Weimarer Republik).

Nach dem Kauf der Firma Dondorf durch Flemming & Wiskott 1929 bzw.

1

2

3

4

133

ab 1933 durch ASS Altenburg wird dieses Bild weiter unter dem Firmenzeichen und der Beschriftung «Dondorf» (auf der Schachtel) geführt, die Beschriftung auf dem Treff-Buben allerdings wird gelöscht (vgl. Inv.-Nr. B 271 «Bridge, Rommé, Poker Nr. 324»). Andere Spiele mit gleicher Rückseite und gleicher Sortenbezeichnung zeigen auf der Schachtel die Beschriftung «B. Dondorf Frankfurt/ Main Spielkartenfabrik G.m.b.H. in Altenburg/Thür.». Bei all diesen Beispielen bleibt das Firmenzeichen lediglich auf der Herz-7 (vgl. Inv.-Nr. 1980-218 «Skatkarte Nr. 116» und Inv.-Nr. 1980-244 «Bridge, Rommé, Whist Nr. 124»).

Vor 1945 vertreibt die ASS (Altenburg/Thüringen) das neue Kartenspiel «Hurrican» mit den Karten des Dondorf'schen Standardbildes. In der Sammlung des DSM befinden sich Ausführungen, die in der neuen Hurrican-Schachtel noch alte Dondorf-Spiele mit Beschriftung auf dem Kreuz-Buben zeigen (vgl. Inv.-Nr. B 706). Spätere Auflagen des Hurrican-Spieles gibt es auch mit anderen Bildern, etwa dem internationalen (vgl. Inv.-Nr. B 707).

Nach dem Zweiten Weltkrieg wurde das alte Dondorf-Bild mit der alten Verpackung durch Ariston, Detmold, vertrieben (vgl. «Dondorf Nr. 116 Skatkarte» mit Stempel «Vertrieben durch Ariston Spielkarten-Fabrik GmbH. Detmold», Inv.-Nr. 1980-276).

In der Nachkriegszeit wurde das Bild auch von anderen Firmen in der Bundesrepublik Deutschland gedruckt, etwa «Haarstick» (vgl. Inv.-Nr. B 523).

Sowohl die Firma Ariston wie später auch die Firma ASS, Stuttgart, haben die Dondorf'sche Standardkarte unter der Artikelbezeichnung «Bridge Nr. 240», bzw. «Bridge Nr. 797» vertrieben. In dieser Zeit wurde auch eine Neuzeichnung für den Offsetdruck gefertigt (vgl. Abb. 8, S. 137).

Auf den Exportmärkten war die Firma Dondorf mit diesem Bild typenbildend, dies trifft sowohl für die Niederlande (und Indonesien) als auch für Dänemark zu. Die Wiener Spielkartenfirma Ferd. Piatnik & Söhne, die stark nach Skandinavien exportiert, führt eine Neuzeichnung des Dondorf'schen Standardbildes in ihrem Sortiment. Diese Neuzeichnung wird jedoch nicht nur exportiert, sie wird ebenfalls in Österreich selbst vertrieben (Inv.-Nr. 1980-275).

Wesentlich durch den Export bestimmt sind einige Varianten innerhalb der Dondorf'schen Produktion des Standardbildes. Diese Varianten betreffen vor allem die Illustration der As-Karten. Auf einem Spiel, das nach 1906 datiert werden muß (vgl. Abb. 7, S. 136; Inv.-Nr. B 513) zeigen die As-Karten Ansichten aus Holland. Ein anderes Spiel «L'Hombre No. 289» (Abb. 6, S. 136; Inv.-Nr. 1980-204), ein Exportartikel für Java, sind die As-Karten mit Szenen aus der holländischen Geschichte versehen.

Wann diese Karten zum erstenmal erschienen, ist ungeklärt. Sie sind nicht nur in allen Dondorf'schen Musterbüchern des DSM, sie finden sich auch bereits in dem Musterbuch Nr. I des Archivs der Firma AG Müller, Schaffhausen.

Lit.: Braun Nr. 210

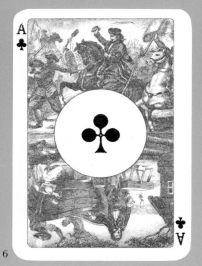

6

6

7

7

Dondorfs Club Karte

Vor 1870
9,3 × 6,4 cm
Steuerstempel:
Königreich Württemberg
RS: Flechtmuster aus Schriftbändern
mit Firmenbezeichnung
52 Blatt
Inv.-Nr. 1980-241

Das vorliegende Spiel kann den Vier-Erdteile-Spielen (s. S. 58) zugeordnet werden. Es ist mit seiner französischen Beschriftung auf den As-Karten sowohl für den einheimischen Markt als auch für den Export konzipiert worden. Auch die französischsprachige Rückseite spricht dafür. Die älteste Auflage in der Sammlung des Deutschen Spielkarten-Museums ist in einer farblithografischen Technik gedruckt, die gegenüber der späteren Karte, mit welcher der Name Dondorf weithin verbunden wird, abweicht (vgl. Abb. 1, S. 139, sowie S. 13). Mit der Tonfarbe Braun wird bei den Figuren vor allen Dingen die Zeichnung des Inkarnats und einiger Kleidungsstücke bestimmt, während die Farbe Schwarz häufig für eine zisilierende Zeichnung, etwa bei den Spitzen der Damenkleidung, verwendet wird. Es ist bei diesen Karten noch leicht, die unterschiedlichen Farbschichtungen mit dem Auge zu trennen. Gerade darin besteht der Reiz dieser frühen Dondorf'schen Karten. Die Asse zeigen jeweils zwei Ansichten aus Asien (Treff), Amerika (Pik), Europa (Herz) und Afrika (Karo).

Da diese Karten schon im Musterbuch Nr. I im Archiv der Firma AG Müller, Schaffhausen, nachweisbar sind, können sie vor 1870 datiert werden.

Wir behandeln dieses Spiel bei den Standardbildern, weil es sich sehr bald in den Niederlanden als eines der meist verwendeten Kartenbilder durchsetzt und auch auf dem Inlandmarkt zu einem immer wieder verkauften Produkt wird.

In der Sammlung des Museums befinden sich zehn Varianten des Spiels in der fortgeschritteneren chromolithografischen Technik. Die Unterschiede liegen nicht nur in der Gestaltung der Rückseiten, sondern auch in der Größe der Randmarken, teilweise auch in der Größe der Figuren. Bei den Randmarken können wir zwischen den sehr großen Randmarken für Kurzsichtige («Whist Karte für Schwachsichtige No. 143», Inv.-Nr. 1980-187), den großen Randmarken aus der Zeit der Weimarer Republik (Inv.-Nr. 1974-31, Steuerstempel Weimarer Republik) über die mittelgroßen Randzeichen, die gegen Ende des Kaiserreichs verwendet wurden (Inv.-Nr. 1980-243, Piquet No. 107, Steuerstempel Kaiserreich, nach 1906, Asse mit Verzierung), und den sehr kleinen Randmarken (Inv.-Nr. B 402, L'Hombre No. 129, Steuerstempel

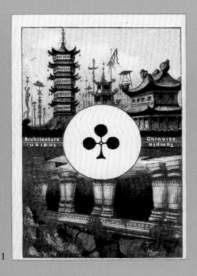

Kaiserreich) unterscheiden. Die Karten ohne Randmarken (Piquet No. 107; Inv.-Nr. 1980-183, vgl. Abb. 2, S. 141) sind wohl als die ältesten anzusprechen, obwohl Karten ohne Randmarken auch noch aus der Zeit der GmbH nachweisbar sind (Inv.-Nr. B 402). Alle hier nach den unterschiedlichen Größen der Randmarken unterschiedenen Kartenbilder sind auch mit unbebilderten Assen nachweisbar.

In die Niederlande wurden Spiele mit den As-Karten aus den vier Erdteilen exportiert (z. B. Inv.-Nr. 1980-270, Rückseitenbeschriftung «G. C. T. van Dorp & Co., Abb. 3, S. 142) und in einer einfacheren Ausführung für den Verkauf in Niederländisch-Indien (Inv.-Nr. 1980-180, auf der Rückseite beschriftet «Maintz & Co. Batavia & Soerebaya», s. Abb. 4, S. 142).

Außerdem wurde dieses Bild mit As-Karten verkauft, die auf den Assen statt der Vier-Erdteile-Bilder niederländische Städte zeigen (L'Hombre No. 248, «Karte mit holländischen Städtebildern»; Inv.-Nr. 1980-203, Abb. 5, S. 143). Die Karten zeigen auf der Rückseite ein niederländisches Landschaftsmotiv.

Belegt ist unser Bild mit den Vier-Erdteile-As-Karten auch mit englischen Randmarken für den Export und, nach der deutschsprachigen Beschriftung der Schachtel zu schließen, auch für den Inlandmarkt (Whist Karten No. 86; Inv.-Nr. 1980-182, in der Schachtel Klebeetikett «Manufactured in Germany for B. Rigold & Bergmann, London»).

Nach dem Zweiten Weltkrieg ist dieses Bild sowohl auf einem Spiel mit deutschen Randzeichen, aber in einer Schachtel mit dänischer Beschriftung, in einfacher Ausführung (Inv.-Nr. A 1416 «Fine Bridge Kort No. 520») als auch mit gleicher Rückseite, aber dem ASS-Firmenzeichen auf Herz-7 (Inv.-Nr. 1980-271) nachweisbar.

Lit.: Bernström S. 72; Braun Nr. 165; Fournier Nr. 178.

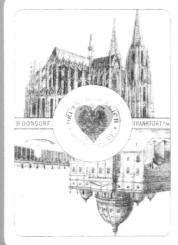

3

4

3

4

5

5

5

5

143

Deutsches Standardbild mit französischen Farben

Um 1929
9,2 × 5,9 cm
RS: Vignette in Rot
16 Blatt erhalten von 32
Inv.-Nr. B 454 (Zug.-Nr. 1950/102)

1932, zum XI. Sängerfest in Frank-furt/M., erschien eine Anzeige der Firma Dondorf, in der mitgeteilt wird, daß neben den Luxusspielkarten nun auch Gebrauchsspielkarten hergestellt würden. Mit dem hier abgebildeten Spiel bietet Dondorf nun auch das von den Altenburger und Stralsunder Spielkartenfabriken durchgesetzte deutsche Standardbild mit französi-schen Farben an. Mit der Aufnahme von Standardkarten in das Sortiment zeigt sich wohl die neue Firmenpolitik nach der Übernahme von Anteilen durch die Firma Flemming & Wiskott AG, Glogau, im Jahre 1929. Die ex-klusive Produktion allein konnte sich in den Notzeiten der Wirtschaftskrise nicht mehr halten, die Konkurrenz von Billiganbietern wurde immer größer. Auch noch unter dem Namen Don-dorf, jedoch im Buch- oder Offset-druck, wird dann das Standardbild von Flemming & Wiskott angeboten; teil-weise mit einer gemusterten Rückseite (vgl. Abb. 1, S. 145; Inv.-Nr. B 454), teilweise mit Werberückseite z. B. «Morgenpost» (Abb. 2, S. 147; Inv.-Nr. 1980-245).

Erst ab 1933, also im Jahr der Übernahme durch die Vereinigten Al-tenburger- und Stralsunder Spielkar-tenfabriken, erscheint das Standard-bild mit zeitgemäßer Rückseite unter dem Namen «Dondorf's Flaggenkarte Nr. 1933» (beschriftet auf Treff-Bube

«Dondorf Frankfurt a. M.» und auf Herz-10 «B. Dondorf Spielkartenfa-brik Frankfurt a. M.», Inv.-Nr. 1980-228; siehe Abb. 3, S. 147). Die Rück-seite zeigt das Hamburger Bismarck-Denkmal, Hakenkreuz- und schwarz-weiß-rote Fahne auf grauem Grund (vgl. auch S. 180).

Die Geschichte des ASS-Standard-bildes, das unter dem Namen französi-sches Bild in Deutschland verbreitet ist, ist noch unerforscht. In unserem Zusammenhang sei an Hand des im Skatspiel so wichtigen Treff-Buben auf die Vorgeschichte verwiesen.

Grundlage sind die unterschiedli-chen Fassungen des französischen Bil-des in der ersten Hälfte des 19. Jahr-hunderts. Hier sei vor allem an die Neufassung durch Philipp Otto Runge erinnert.

In Sachsen und Pommern bilden sich nach der Jahrhundertmitte zwei deutlich zu unterscheidende Varianten heraus. Die eine zeigt den Treff-Bu-ben mit grünem Hut und Federn so-wie Schnurrbart und Knebelbart (vgl. Abb. 5, S. 148; Inv.-Nr. B 464, beschriftet auf Treff-Bube «Spielkarten-fabrik Halle a/S.», und Inv.-Nr. 1980-246, beschriftet auf Treff-Bube «Ludwig & Schmidt in Halle a/S.»).

Die andere Variante zeigt den Treff-Buben mit braunem bzw. rotem, zuweilen auch grünem Hut mit Fe-dern, jedoch mit Schnurrbart und

1

1

1

1

145

Kinnbart. Diese letzte Form ist von Dondorf übernommen worden und ist die heute übliche (vgl. Abb. 4, S. 148, Inv.-Nr. 1980-274, «Stralsunder Spielkarten Fabrik W. Falkenberg & Co. Stralsund»; siehe auch Abb. 6, S. 148, «Vereinigte Stralsunder Spielkarten Fabriken Actien Gesellschaft Stralsund», Inv.-Nr. A 1320 und Abb. 8, S. 149, «C. F. Sutor Naumburg a. S.», Inv.-Nr. A 1468).

Im Rahmen der Konzentrationsbewegung in der Spielkartenherstellung gegen Ende des 19. Jahrhunderts setzen die Vereinigten Altenburger und Stralsunder Spielkartenfabriken dieses Bild in ihrem Marktbereich durch, anfangs in chromolithografischen Techniken (Inv.-Nr. B 507), später nur noch im Buchdruck (Inv.-Nr. B 519). Varianten dieses Bildes bleiben weiter in der Produktion. Von der Firma Flemming & Wiskott, Glogau, Berlin, Breslau, etwa ist so eine Variante bekannt (vgl. Abb. 7, S. 148, Inv.-Nr. B 448). Hier hat der Treff-Bube einen blauen Hut mit Federn.

Nachdem Flemming & Wiskott AG die Firma Dondorf übernommen hatte, wurden «Patiencekarten Nr. 140» in einer Schachtel der Firma «B. Dondorf G.m.b.H. Spielkartenfabrik, Frankfurt a/M» vertrieben, jedoch mit Kontrollzettel und Banderole der Firma «Carl Flemming und C. T. Wiskott A.-G. Glogau»; die Treff-Dame ist hier beschriftet «Flemming-Wiskott A.-G. Glogau». Nach Übernahme der Dondorf'schen Produktion durch die Firma ASS im Jahre 1933 wurde dieses Bild zum ASS-Standardbild mit französischen Farben.

Während sich das ASS-Standardbild aus noch zu erforschenden Grün-

den in Thüringen, Sachsen und Pommern entwickelte, setzen die marktbeherrschenden Betriebe am Mittelrhein, etwa C. L. Wüst in Frankfurt/M. ihr eigenes Bild durch (vgl. Hoffmann, Spielkarten, Kat. Nr. 167). Dies Bild ist die Voraussetzung für das von Dondorf in Skandinavien durchgesetzte Standardbild (Inv.-Nr. A 1014, vgl. dazu ausführlich S. 132–137).

2

2

3

3

147

4

5

6

7

Birma-Karte No. 194

Vor 1870
9,4 × 6 cm
Steuerstempel: Weimarer Republik
RS: unbedruckt
52 Blatt
Inv.-Nr. 1980-216

Eines der ältesten noch heute gespielten Kartenbilder ist das internationale Bild. Erst relativ spät, im 15. Jahrhundert, erreichten die Spielkarten von Nordfrankreich aus England. Die Kartenmacher aus Rouen exportierten noch lange ihre Karten auf die englische Insel, englische Hersteller orientierten sich an den Karten aus Rouen. In England blieb so das aus Frankreich stammende altertümliche Bild bestehen, während die Französische Revolution und die darauf folgende Restauration das alte Kartenbild in Frankreich beseitigten und ein neues entwickelten, jenes «Elsässische Bild» (vgl. S. 162) mit dem noch heute in Frankreich und in ehemaligen französischen Einflußgebieten gespielt wird. Mit den englischen Auswanderern kamen die englischen Karten nach Amerika, sie wurden dort zum Standardbild, im 20. Jahrhundert oft unter dem Namen «Poker-Karten» (vgl. S. 154).

Die Birma-Karte ist eine Umzeichnung des internationalen Bildes, zu dessen Kanon das besonders geschmückte, mit dem Namen des Herstellers versehene Pik-As gehört. Könige und Damen sind in Dreivierteldie Buben in ganzer Figur dargestellt. Während jedoch die Figuren des üblichen internationalen Bildes lediglich aus Linien und einfarbigen Flächen gestaltet sind, erhalten unsere Könige

und Damen durch die Schattierungen eine gewisse Plastizität, die Buben gar scheinen sich zu bewegen. Die Birma-Karte gehört damit zu den vielen spielerischen Umzeichnungsversuchen, die sich das auffällig altertümliche internationale Bild immer wieder gefallen lassen mußte.

Das vorliegende Spiel ist mit dem Steuerstempel der Weimarer Republik versehen, also nach 1918 zu datieren. Da im Musterbuch Nr. I des Archivs AG Müller auch die Birma-Karte nachzuweisen ist, muß die erste Auflage der Karte vor 1870 angesetzt werden.

Lit.: Braun Nr. 204

Internationales Bild für Portugal

Vor 1870
9,4 × 6,4 cm
RS: antikische Vignette mit Bacchus-
kopf
52 Blatt
Historisches Museum Basel, Inv.-Nr.
1940-78

Über Varianten zu den herrschenden
Standardbildern aus der Dondorf'-
schen Produktion wissen wir für die
Zeit um 1870 relativ wenig. Die Karten scheinen nicht in dem Maße gesammelt worden zu sein wie die besonders kostbar wirkenden historisierenden Luxuskarten. Ein Spiel, das sich
im Historischen Museum in Basel befindet und das nach mündlicher Überlieferung nach Portugal exportiert
worden ist, ist eine solche Variante des
internationalen Bildes. Die Figuren,
die sich in Haltung und Attributen sowie der Ornamentierung am internationalen Bild orientieren, fallen durch
ihre kraftvolle Plastizität, vor allen in
den Gesichtern, auf. Das Pik-As ist
mit einem Flechtwerk geschmückt, das
aus den Worten «Exportation» und
dem Firmennamen gebildet ist.

Im Musterbuch des Archivs der AG
Müller ist dieses Spiel nicht nur mit
der in Basel vorhandenen Rückseite
belegt, sondern mit zwei weiteren: einem Diagonalgitter und einem Stik-
kerei imitierenden Sultanskopf. Eine
ähnliche Form der Musterung zeigten
auch Geldscheine, die Dondorf Ende
der 1850er Jahre für das Herzogtum
Nassau produzierte.

153

Poker-Karte No. 195

Vor 1906
8,9×6 cm
Steuerstempel: Weimarer Republik
RS: Blüten und Blätter
auf goldenem Grund
53 Blatt
Inv.-Nr. 1980-189

In das Sortiment jedes deutschen Exporteurs gehört das internationale Standardbild (vgl. zu dessen Entstehungsgeschichte oben S. 150). Das vorliegende Bild, das sich schon vor 1906 im Dondorf'schen Sortiment befand, ist eine sehr sorgfältige, mit teilweise haarfeinen Umrißlinien arbeitende Neuzeichnung nach unbekannten Vorlagen. Auch der Druck weist eine höchstmögliche Präzision auf. Das traditionell ausgeschmückte Pik-As zeigt die auf Dondorf'schen Rückseiten gern verwendeten Rosen. In der Sammlung des Deutschen Spielkarten-Museums befindet sich eine Variante mit dem Steuerstempel der Weimarer Republik und Werberückseite für die Hamburg-Amerika-Linie (Inv.-Nr. 1980-217, vgl. S. 155 rechts unten). Das Poker-Bild ist in allen Dondorf'schen Musterbüchern des Museums vorhanden.

Lit.: Buß S. 85

Whist No. 422

Um 1928
9,2 × 6 cm
RS: Sternmuster in Rot
53 Blatt in Schachtel
Inv.-Nr. 1980-209

Dieses Spiel ist seit dem Ende der
zwanziger Jahre im Sortiment der Firma Dondorf nachweisbar, zuerst im
Musterbuch Nr. IV des Deutschen
Spielkarten-Museums (um 1928). Die
Neuzeichnung scheint einen Kompro-
miß zu versuchen zwischen dem traditionell flächig-gemusterten und stark
stilisierten internationalen Bild und
dem nationalen Standardbild mit französischen Farben (siehe S. 144), dies
wird besonders deutlich bei den Buben. Aus dem Musterbuch Nr. XII des
Museums (um 1935) geht hervor, daß
dieses einfache Spiel mit sechs Farben
(einschließlich der Gesteinszeichen)
gedruckt wurde.

Lit.: Braun Nr. 220

Superfine Playing Cards No. 1101

Um 1930
8,8×6,3 cm
Steuerstempel: Weimarer Republik
RS: Arabeske in Blau
52 Blatt in Schachtel
Inv.-Nr. A 1191

Mit diesem, im Vergleich zu dem Spiel
auf S. 154, wohl billigeren Spiel, das
um 1930 datiert werden muß, versucht
entweder noch die alte Firmenleitung
oder schon der neue Besitzer Flemming & Wiskott, das Sortiment durch
das übliche, kaum veränderte, sicher
preiswert herzustellende internationale
Bild im unteren Preisspektrum zu ver-
größern.

Internationales Bild No. 485

Um 1932
8,8×6,3 cm
Steuerstempel: Weimarer Republik
RS: Geflügelte Löwenmenschen aus
dem Zweistromland
53 Blatt in dünnem Verpackungspapier
Inv.-Nr. 1980-215

Mit diesem Spiel haben wir ein typi-
sches Beispiel aus der Zeit nach dem
Wechsel der Besitzer vor uns. Das Bild
ist eine der üblichen Varianten des internationalen Bildes, wahrscheinlich –
da auf dem Pik-As die Firmenbezeichnung fehlt – ein Produkt für den seit
Anfang der zwanziger Jahre Poker
spielenden Inlandmarkt. Die Herz-4
trägt das Firmenzeichen von Flemming & Wiskott, auf der dünnen Pa-
pierverpackung befindet sich jedoch
ein Aufkleber mit dem Dondorf'schen
Firmenzeichen. Da die gesamte Spielkartenproduktion von Flemming &
Wiskott ab Januar 1932 in Frankfurt
hergestellt wurde, ist anzunehmen,
daß das vorliegende Spiel aus dieser
Zeit stammt.

Elsässer Bild

Um 1928
9,2 × 6 cm
Steuerstempel: Weimarer Republik
RS: gestrichelte Quadrate
32 Blatt in Schachtel
Inv.-Nr. 1980-208

In den um 1930 zu beobachtenden
Ausbau des Sortiments mit Gebrauchsspielkarten, den traditionellen Standardbildern, gehört auch das Elsässer
Bild, das französische Standardbild seit
dem Anfang des 19. Jahrhunderts (vgl.
S. 150). Die Karten sind zum erstenmal
im Musterbuch Nr. IV des Deutschen Spielkarten-Museums, das um
1928 zusammengestellt wurde, nachzuweisen. Die Karten sind sowohl mit
den französischen Randzeichen R, D
und V für den Export als auch für ein-
heimische Spielbanken – ohne Randzeichen, wohl zum Baccaraspiel – hergestellt worden.

Schon um die Jahrhundertwende
befand sich ein elsässisches Bild (unter
dem Namen «Belgische Karte») im
Dondorf'schen Sortiment; da auch
hier die Randzeichen fehlen, mögen
die Karten ebenfalls für die Spielbank
hergestellt worden sein. Abgebildet ist
die Treff-Dame dieses alten Spiels in
dem Buß'schen Artikel von 1908/
1909. Das elsässische Bild zeigen auch
die im oben erwähnten Musterbuch
eingeklebten «Kinder-Spielkarten Nr.
1312 und 1320».

Lit.: Buß S. 86

Forcolor No. 487

Um 1930
Entwurf: Paul Herrmann
8,9 × 5,8 cm
Steuerstempel: Weimarer Republik
RS: Stern- und Strichmuster in
Gold und Blau
52 Blatt in Schachtel
Inv.-Nr. 1980-210

Die Dondorf'sche Forcolorkarte wurde
auf der Basis des internationalen Bildes entwickelt (vgl. S. 150 und S. 154).
«Forcolor» ist eine Verkürzung von
«Four colours» (vier Farben). Während wir in der deutschen Sprache für
Buntfarben und Kartenspielfarben das
gleiche Wort «Farben» benutzen, unterscheidet die englische Sprache «col-
our» und «suit». «Forcolor» verwendet für jede Spielfarbe (Treff, Pik,
Herz und Karo) je eine Buntfarbe:
Grün, Schwarz, Rot und Orange. Ähnliche Reformversuche des tradierten
Kartenbildes sind seit dem 18. Jahrhundert zu belegen; sie haben sich ge-
nausowenig durchgesetzt wie «Forcolor». Aus einem Zeitungsartikel zum
Erscheinen der «Bedo-Karte» 1931
(siehe S. 166) geht hervor, daß die
«Forcolor-Karte» bereits vor 1931 auf
dem Markt war.

Auf einem Flugblatt («Achtung!
Achtung! hier ist die Heimat der guten Flemming Spielkarten»), dessen
Impressum die Zahl «1, 31» zeigt und
das so auf Januar 1931 datiert werden
kann, wird für «Dondorfs Bridgekarte
Forcolor» mit dem Wort «hochaktu-
ell» geworben. Damit kann «Forcolor»
wohl auf 1930 datiert werden.

Lit.: Braun Nr. 174

Bedo-Karten No. 473

1931
8,9 × 5,8 cm
Steuerstempel: Weimarer Republik
RS: Tänzerin in Braun auf
gelbem Grund
54 Blatt in Schachtel
Inv.-Nr. 1980-211

Die Bedo-Karte ist eine Fortentwick-
lung der Forcolor-Karte (S. 164). In der
Zeichnung orientiert sie sich jedoch
nicht wie die Forcolor-Karte am inter-
nationalen Bild, sondern am Rokoko-
Bild in der Art von «Baronesse» (S.
106). Dem entsprechen auch die mit
Blüten geschmückten As-Karten. Je-
der Spielfarbe entspricht auch bei der
Bedo-Karte eine Buntfarbe, Treff und
Karo haben eine zusätzliche Umran-
dung, damit sie besser von Pik und
Herz unterschieden werden können.
Nach Ausweis des Musterbuches
Nr. XII im Deutschen Spielkarten-
Museum wurde die Bedo-Karte mit
neun Farben (einschließlich Gesteins-
zeichen) gedruckt.
   Die Firma ASS produzierte die
Bedo-Karte mit den üblichen Farbzei-
chen zwischen 1950 und 1955 (vgl.
Inv.-Nr. 1980-261); nach 1945 stellte
auch die VEB Altenburger Spielkar-
tenfabrik (DDR) die Bedo-Karte mit
den üblichen Farbzeichen her (vgl.
Inv.-Nr. 1980-262).
   Auf der IBA 1931 wurden die
Bedo-Karten der Öffentlichkeit vorge-
stellt, darüber berichtet u. a. das «Journal für Buchbinderei- und Kartona-
genbetriebe sowie für den Papier- und
Schreibwarenhandel» am 31. 10. 1931:
«Eine neue Karten-Serie mit dem ein-
getragenen Warenzeichen ‹Bedo› hat

die B. Dondorf, Spielkartenfabrik,
G.m.b.H., Frankfurt a. M., für den
Handel herausgebracht. Der Ge-
brauchswert der neuen Spielkarte wird
dadurch erhöht, daß die Gesteinszeichen ‹Eckstein und Kreuz› eine Um-
randungslinie erhalten haben. Hierdurch wird ein schnelleres Erkennen
der Kartenbilder ermöglicht und eine
Verwechslung, vor allem, wenn schnell
gespielt wird, oder wenn die Beleuch-
tung ungenügend ist, vollkommen aus-
geschlossen. Die ‹Bedo-Spielkarte›
(für Bridge, Whist, Rommé und Patience) erscheint in der bekannten
Forcolor-Karten-Manier, die ebenfalls
gesetzlich geschützt ist.»

Lit.: Braun Nr. 219

167

Deutsche Spielkarten No. 301

Vor 1870
9,5 × 5,9 cm
Steuerstempel: Königreich Sachsen
RS: Muster mit zentraler Vignette in
Blau
32 Blatt
Inv.-Nr. A 921

Während die Geschichte des Standardbildes mit französischen Farben eine Geschichte der Rationalisierung des Herstellungsprozesses und eine Geschichte der Stilisierung des Bildes ist, ist das Standardbild mit deutschen Farben durch eine große Vielfalt an Neuentwicklungen und Varianten geprägt. Seit dem 16. Jahrhundert beleben kleine Szenen den unteren Rand der Zahlenkarten. In der gleichen Zeit entsteht auch die kanonische Abfolge der Werte König, Obermann und Untermann. Die höchste Karte ist das Daus, die 2. Auch sie wird mit Figuren geschmückt; das As, die 1, gibt es im deutschen Farbsystem seit dem 16. Jahrhundert nicht mehr. Um die Entstehung des deutschen Farbsystems haben sich besonders Nürnberger Grafiker des 16. Jahrhunderts verdient gemacht.

Die Dondorf'sche Produktion von Spielkarten mit deutschen Farben ist in diesem Buch mit insgesamt fünf Kartenspielen vertreten. Der Entwerfer der vorliegenden Karten orientiert sich an keinem bestimmten deutschen Bild. Für die Daus-Karten sind Löwe und Wildsau gut belegbar, der Adler selten, der Elch nie. Der Sultan der Schellenfarbe, der römische Kaiser der Herzfarbe sowie der deutsche Kaiser der Blattfarbe haben gleichermaßen

ihre Vorbilder wie der trommelnde Eichel-Unter. Die kleinen Szenen auf den Zahlenkarten erinnern den industrialisierten Städter an das ihm schon fremd gewordene Leben von Hirten und Jägern in freier Natur.

Der Stil der Karten ist wild und kraftmeierisch. Unter Nutzung der Möglichkeiten der Chromolithografie werden die Gewänder in immer neuen Fältelungen unruhig bewegt. Die Figuren geben sich in herrischen Posen, sie blicken wie Mannsbilder mit überschüssigen Kräften drein. Auch die Tiere auf den Daus-Karten wissen kaum wohin mit ihrer Kraft, sie können nicht ruhig bleiben, sie öffnen das Maul zum Schrei, der Löwe schlägt mit dem Schwanz, der Adler spreizt sein Gefieder.

Die Karten sind in der Zeit um die Gründung des Bismarck-Reiches entstanden. Der sächsische Kartenstempel auf dem Eichel-Unter muß vor 1878 datiert werden. Da das Spiel jedoch schon im Musterbuch Nr. I des Archivs AG Müller nachweisbar ist, muß die erste Auflage schon vor 1870 gedruckt worden sein. Im Vergleich zu anderen Spielen verschwindet dieses Spiel relativ früh, vor 1906, aus dem Dondorf'schen Sortiment. In den im Deutschen Spielkarten-Museum vorhandenen Musterbüchern kommt es nicht vor.

Lit.: Braun Nr. 215

Einköpfige deutsche Spielkarte No. 303

Vor 1906
10,4 × 6,2 cm
Steuerstempel: Kaiserreich
RS: Rankenmuster in Blau
36 Blatt
Inv.-Nr. 1980-224

Während bei dem vorigen Spiel (vgl. S. 168) sowohl Ober- wie Untermänner Krieger waren, erscheint hier sogar schon als Obermann ein Narr, die Untermänner sind Leute aus dem Volk: Jagdgehilfen, Schellen-Unter ist ein Falkner, Eichel-Unter trägt einen Korb mit Eiern. Die Bilder sind wie bei dem älteren Spiel in Anlehnung an Vorbilder des 16. Jahrhunderts entworfen, jener Zeit, da das Bürgertum zu einer selbstbewußten gesellschaftlichen Gruppe wurde, der Zeit auch, in der gesagt wurde, es sei «eine Lust zu leben». Während die Figuren des vorigen Spiels das Bildfeld voll ausfüllen, so als ob es ihnen zu klein wäre, wirken die Figuren dieses Spiels klein, sie sind – bei aller Lieblichkeit – strenger gefaßt, Zitate aus der Vergangenheit. Dieser strengeren Auffassung entsprechen auch die Daus-Karten: Wappen, Reichsadler und Bär (mit Firmenzeichen) orientieren sich an Daus-Karten des sächsischen Bildes. Die Tiere erscheinen nicht wild bewegt, es sind stilisierte Wappentiere. Die sächsischen Schwerter auf dem Herz-Daus wurden durch den Reichs- und den Frankfurter Adler ersetzt, die Firma Dondorf zeigt sich hier lokalpatriotisch. Der Löwe des sächsischen Eichel-Daus wurde zum Bär, wobei für die Vorbilder gesagt werden muß, daß es oft schwer ist, zu unterscheiden, ob es sich um einen Löwen oder Bären handelt. Das Liebespaar auf Schellen-Daus folgt ebenfalls dem sächsischen Vorbild, dort allerdings schleicht meist ein eifersüchtiger Rivale im Hintergrund, gelegentlich gar durch ein Geweih als Ehemann bezeichnet. Auch bei den Königen kann man eine Orientierung am sächsischen Bild erkennen, denn auch hier sind Blatt- und Eichel-König sitzend dargestellt. Völlige Neuschöpfungen sind nicht nur die Ober- und Untermänner, das gleiche gilt auch für die Zahlenkarten. Hier erfreuen Szenen vom Lande die sehnsüchtige Seele des Städters.

Das älteste Exemplar dieses Spiels in der Sammlung des Deutschen Spielkarten-Museums trägt den Steuerstempel des Kaiserreichs, der seit 1879 in Gebrauch ist. Georg Buß bildete das Spiel 1908/09 in seinem Artikel über Spielkarten ab. Es ist dann in den Musterbüchern Nr. I bis IV des Museums nachzuweisen, bleibt also bis Ende der zwanziger Jahre im Sortiment.

Lit.: Bachmann Abb. 11; Braun Nr. 177; Buß S. 85; Fournier Nr. 222.

172

Gaigel-Karten No. 237

Um 1908
9,9 × 5,9 cm
Steuerstempel: Weimarer Republik
RS: Tannenzweig mit Zapfen in Grün
2 × 24 Blatt in Schachtel
Inv.-Nr. B 398

Ober- und Untermänner dieses Spiels erscheinen in Trachten des Biedermeiers, einer Zeit, die – als dieses Spiel entworfen wurde – fast drei Generationen zurücklag. Trachten der Biedermeierzeit gehören auch zum festen Bestand des preußischen Bildes, mit dem die vorliegenden Karten sonst wenig gemeinsam haben. Sie sind – wie auch die anderen Dondorf'schen Spiele mit deutschen Farben – Neuzeichnungen unter sehr freier Verarbeitung von Vorbildern. So mag man beim Schellen-Unter an den Schellen-Unter des sächsischen Bildes denken, der ebenfalls einen Papagei auf der Hand trägt. Bei dem Eichel-Ober mag der Blatt-Unter des sächsischen Bildes Pate gestanden haben, der ebenfalls einen erjagten Vogel hält.

Mit dem Aufkommen der Doppelfigurigkeit zu Ende des 18. Jahrhunderts entsteht für den Entwerfer von Spielkarten ein neues formales Problem. Anfangs werden die Figuren einfach in der Mitte halbiert und über eine Achse gespiegelt. Dieses Verfahren hält sich oft bis weit in unser Jahrhundert hinein. Die Bilder des vorliegenden Spiels sind jedoch sehr sorgfältig als doppelfigurige Bilder geplant: so spielen die «beiden» Blatt-Ober auf *einer* Trommel, die «beiden» Blatt-Könige halten *ein* Szepter usf. In der Gestaltung mancher Karten, etwa des Schellen-Obers und der Daus-Karten, kündigt sich der Jugendstil an.

Die Spielkarte muß um 1908 auf den Markt gekommen sein, da Georg Buß sie in seinem Artikel als «neueste deutsche Spielkarte» bezeichnet. Die Karten sind in den Dondorf'schen Musterbüchern I bis IV nachzuweisen, sie bleiben also bis Ende der zwanziger Jahre im Sortiment. Dem entspricht, daß zwei Exemplare dieses Spiels in der Sammlung des Deutschen Spielkarten-Museums mit dem Steuerstempel der Weimarer Republik versehen sind (Inv.-Nr. B 398 und A 817).

Gaigel, nach dem die Karten benannt sind, ist ein Spiel mit zweimal 24 Blatt, das vor allem in Süddeutschland verbreitet ist.

Lit.: Bachmann Abb. 12; Braun Nr. 322; Buß S. 87; Fournier Nr. 216.

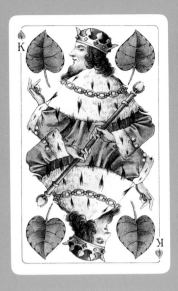

Doppelkopf No. 419

Um 1928
9,9 × 5,8 cm
Steuerstempel: Weimarer Republik
RS: Gekrönter Adler in Blau
2 × 24 Blatt in Schachtel
Inv.-Nr. B 407

Die Figuren dieses Spiels erscheinen
wie die der älteren Spiele mit deutschen Farben (vgl. S. 168 bis S. 177)
in den Trachten des 16. Jahrhunderts.
Der Stil bemüht sich um ernste Sachlichkeit. Die Bauern und Handwerker
der Unter-Karten erinnern daran, daß
das frühe 16. Jahrhundert auch die
Zeit der Bauernkriege ist. Diese strenge, herbe Grundauffassung prägt auch
die Könige und die Obermänner, selbst
der Lautenspieler (Schellen-Ober) ist
in diesem Spiel keine liebliche Figur.
Sachlichkeit waltet auch bei der Kleidung, für deren Rekonstruktion der
Zeichner Kostümbücher befragt hat.

Die Karten sind wohl in der zweiten
Hälfte der zwanziger Jahre entworfen
worden. Zum erstenmal sind sie im
Musterbuch Nr. IV des Deutschen
Spielkarten-Museums nachweisbar
und sind wohl nicht lange im Sortiment geblieben, da sie in späteren
Musterbüchern nicht mehr auftau-
chen.

Lit.: Braun Nr. 161; Fournier Nr. 270.

Preußisches Bild mit Flaggenrückseite

Um 1932
10,2 × 5,8 cm
Steuerstempel: Weimarer Republik
RS: Bismarck-Denkmal sowie Schwarz-
Weiß-Rot- und Hakenkreuzflagge
32 Blatt in Schachtel
Inv.-Nr. 1980-229

Aus der Zeit nach der Übernahme
der Dondorf'schen Spielkartenfabrik
durch die Firma Flemming & Wiskott
stammt das preußische Bild, das sowohl mit der «Flaggenrückseite» (also
1933) als auch mit einer ornamentier-
ten Rückseite (Inv.-Nr. A 1166) belegbar ist. Da die zweite Version auf
Schellen-8 mit «Flemming & Wiskott
AG. Spielkartenfabrik, Glogau» bezeichnet ist, muß sie wohl vor 1932,
dem Jahr der Verlegung der Spielkartenproduktion nach Frankfurt, datiert
werden. 1933 wird dann auch diese
Karte – wie die Skatkarte (vgl. S. 147,
Abb. 3) – den neuen Machtverhältnis-
sen angepaßt und mit der Beschriftung auf der Schachtel «Dondorfs
Flaggenkarte 1933» auf den Markt
gebracht. Weitere «neutrale» Rückseiten für das preußische Bild sind im
Dondorf'schen Musterbuch Nr. VIII
(um 1932/33) belegt.

HELGOLAND

GÖRLITZ Reichenbacher Turm

Spanische Spielkarten «Naipes Finos» No. 304

Um 1902
Entwurf: Apel-les Mestres
10 × 6,2 cm
Steuerstempel: Weimarer Republik
RS: Zweige und Beeren in Rot
48 Blatt in Schachtel
Inv.-Nr. 1980-233

Wohl ausschließlich für den Export
wurde dieses Spiel mit spanischen
Farben hergestellt. Während die Karten mit französischen Farben – besonders das internationale Bild – auch in
Deutschland abgesetzt werden konnten, gab es für Karten mit spanischen
Farben im Inland keinen Markt; sie
werden allerdings in dem für das Inland bestimmten Firmenkatalog Nr. I
von Dondorf (um 1912) aufgeführt.

Die Karten sind eine relativ genaue
Nachzeichnung des spanischen Standardbildes. Obwohl die Figuren durch
die Schattierungen, die die chromolithografische Technik ermöglicht, eine
gewisse Plastizität erhalten, wirken sie
doch wie Figuren aus dem Karten-
staat, eher wie Zeichen und Symbole
denn als lebende Personen.

Nach Mitteilung von Herrn Fournier, Vitoria, wurden die Karten von
dem katalonischen Künstler Apel-les
Mestres entworfen (seine Initialen
«AP» sind auf Stab-As). Es wurde
1902 für Barcelona und den Händler
Costa y Valerio in Lissabon gedruckt;
die Verpackung des Spiels für Lissabon in der Sammlung Fournier ist
1928 datiert.

Lit.: Bachmann Abb. 8; Braun Nr. 326;
Fournier Nr. 220.

Luxuskarte No. 75

Um 1928
9,2 × 6 cm
Steuerstempel: Weimarer Republik
RS: Vignette in Rot, Rosa und Gold
und Firmenzeichen «AW»
40 Blatt in Schachtel
Inv.-Nr. 1980-235

Aufgrund eines dänischen Gesetzes durften ausländische Hersteller nicht auf der Ware firmieren. So wurden die Dondorf'schen Karten über die Firma Adolph Wulff in Kopenhagen verkauft. Er firmiert auf der Treff-Dame: «Adolph Wulff, Kjøbenhavn.» Ungeklärt ist, wie sich Wulff zu Dondorf verhielt: lieferte er etwa die Entwürfe, nach denen Dondorf dann die Karten herstellte?

Daß die vorliegenden Karten tatsächlich von Dondorf gedruckt wurden, geht auch aus dem Musterbuch Nr. X des Deutschen Spielkarten-Museums hervor, in dem vermerkt ist, daß sich die Steine in Altenburg bzw. in Frankfurt befanden. In diesem Musterbuch erscheint das Spiel als «Dondorf Nr. 85 (Wulff)» bzw. «Dondorf Nr. 75 (Wulff)».

Stilistisch paßt dieses Spiel ohne Schwierigkeiten in die Dondorf'schen Luxuskarten. Nachweisbar sind die Karten in einem Musterbuch von Adolph Wulff (um 1928); die erste Auflage könnte also um 1928 gedruckt worden sein.

Das vorliegende Spiel wurde mehrfach nachgeahmt, etwa vor 1940 von der Firma F. Tilgmann in Helsinki (Inv.-Nr. 1980-265); es gibt auch eine schwedische Variante der Firma Öberg & Son, Stockholm (vgl. Braun Nr. 818).

Lit.: Braun Nr. 818

L'Hombre No. 60

Um 1928
9,4×6 cm
Steuerstempel: Weimarer Republik
RS: Jugendstilige Vignette in Rot und
Firmenzeichen «AW»
40 Blatt in Schachtel
Inv.-Nr. 1980-234

Neben den aufwendigen Luxuskarten
S. 184 und 188 stellte Dondorf für den
dänischen Markt auch ein einfacheres
Spiel her. In der zeichnerischen Auffassung, die stark von der Linie und
der klaren Farbfläche lebt, erinnert
unser Spiel an das mit den Hauptstäd-
ten (s. S. 98). Für die Datierung und
die Zuschreibung an Dondorf gilt das-
selbe wie für das vorhergehende Spiel.
Die Bezeichnung «Eneret», die sich
auf vielen Karten befindet, bedeutet,
daß der Verkäufer sich im Besitz der
exklusiven Rechte befindet (frdl. Mitteilung K. F. Jensen). Für die Rolle
der Firma Wulff beim Verkauf auch
dieses Spiels vgl. die vorige Beschreibung oben S. 184.

Whist No. 80

Um 1928
9,2×6 cm
Steuerstempel: Weimarer Republik
RS: Kranz mit roten Rosen und
Firmenzeichen «AW»
53 Blatt in Schachtel
Inv.-Nr. 1980-236

Auch dieses in Dondorfs beliebter
chromolithografischer Manier hergestellte Spiel befindet sich in A. Wulffs
Musterbuch (vgl. S. 184) mit Preislisten von 1928 und 1933. Die Steine
für dieses Spiel befanden sich nach
dem Dondorf'schen Musterbuch Nr. X
(um 1935) in Altenburg, so daß auch
hier die Herstellung der Karten durch
Dondorf gesichert ist.

Damen und Buben sind in eine an
das Empire erinnernde Tracht gekleidet und sind somit dem Empire-Spiel
S. 110 vergleichbar. Im Unterschied zu
diesem tragen die Könige hier noch
Perücken; unterschiedlich ist ferner
die Anordnung der Figuren im Bildfeld, welches im dänischen Spiel derart
ausgefüllt ist, daß der obere und unte-
re Rand der Figuren hart angeschnitten werden.

Lit.: Braun Nr. 221

The Folly Joker

Kartoe Maen No. 1

Vor 1906
5,7 × 2,8 cm
RS: Vögelchen und «G. Hoppenstedt
Batavia»
52 in Schachtel
Inv.-Nr. 1980-232

Die im ehemaligen Niederländisch-
Indien lebenden Chinesen führten die
Kartenspiele ihrer Heimat auf den in-
donesischen Inseln ein. So haben wir
in den von Dondorf für Java gefertig-
ten Spielkarten chinesische Geldspiel-
karten vor uns, mit denen man in
Indonesien nach eigenen Spielregeln
spielte. Der Auftraggeber dieser Karten ist auf der Rückseite verzeichnet,
es ist G. Hoppenstedt in Batavia, das
seit der Unabhängigkeit Indonesiens
im Jahre 1949 Djakarta heißt. Die beiden Sperlinge auf der Rückseite sind
ein von Dondorf gern verwendetes
Motiv. Die zum Spiel gehörige
Schachtel ist unten beschriftet «B.
Dondorf Frankfurt A/M.»; daher vor
1906 datiert.

Lit.: Prunner, Ostasiatische Spielkarten Nr.
XVI; Tjan Tjoe Siem, *Javaanse Kaartspelen* (frdl. Mitteilung G. Prunner).

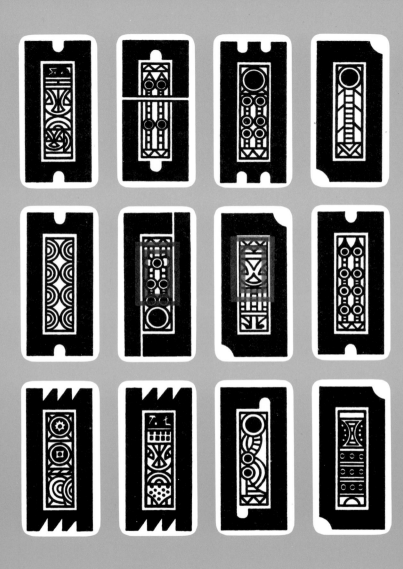

191

Fynste Java Speelkaarten No. 17

1879
9,2 × 6,5 cm
RS: Rosenstrauß und «Gumprich &
Strauss Batavia»
52 Blatt in Schachtel
Inv.-Nr. 1980-179

Für die Firma Gumprich & Strauss in
Batavia, dem heutigen Djakarta, fer-
tigte Dondorf ein Spiel, dessen As-
Karten sich auf Indonesien, das ehe-
malige Niederländisch-Indien, beziehen. Könige und Damen sind Mitglie-
der des niederländischen Königshau-
ses: Herz-König = König Wilhelm
III., Herz-Dame = Königin Emma,
geborene Prinzessin von Waldeck-
Pyrmont; Karo-König = Prinz Alexander; Karo-Dame = Prinzessin
Marianne; Pik-König = Prinz Wilhelm von Oranien; Pik-Dame = Prinzessin Sophie; Treff-König = Prinz
Heinrich und Treff-Dame = Prinzessin Marie. Die Buben hingegen sind
holländische Soldaten: Herz = Artil-
lerist, Karo = Kavallerist, Pik = In-
fanterist, Treff = Marinesoldat. Das
Spiel wurde aus Anlaß der zweiten
Eheschließung König Wilhelms III.
mit Prinzessin Emma von Waldeck-
Pyrmont, am 7. Januar 1879, herausgegeben (frdl. Mitteilung von Han
Janssen). Es blieb lange im Handel
und befindet sich, allerdings um Randmarken erweitert, noch in dem Musterbuch Nr. X (um 1935) des Deutschen Spielkarten-Museums (vgl. auch
Inv.-Nr. 1980-181).

Lit.: Braun Nr. 172; In de kaart gekeken,
Kat. Nr. 79; Mefferdt Nr. 54.

Neue indische (= indonesische) Karte No. 305

Nach 1906
9,3×6,3 cm
Steuerstempel: Kaiserreich
RS: Blumenmuster mit Beschriftung
«Jacobsen van den Berg & Co,
Semarang & Soerabaya»
48 Blatt erhalten
Historisches Museum Frankfurt/M.

Das für den Händler van den Berg, der in den javanischen Städten Surabaya und Semarang residierte, hergestellte Spiel scheint eine Sonderanfertigung zu sein. Während die As-Karten noch dem Kanon entsprechen, sind Könige, Damen und Buben durch javanische Schattenspielfiguren ersetzt, auf deren Mitte lediglich ein Farbzeichen ist, während Randmarken fehlen. Alle vier Farben zeigen für König, Dame und Bube jeweils dieselbe Figur, während die Asse der roten Farbzeichen eine andere Szene zeigen als die der schwarzen.

Herr Dr. Friedrich Seltmann teilte uns freundlicherweise zu dem Spiel folgendes mit:

Die Figurentypen sind dem klassischen javanischen Schattenspiel «Wayang Purwa» entnommen. Das Rahmenthema ist eine Kampfszene, bei der die abgebildeten Figuren – sämtlich bewaffnet – eine herausragende Rolle spielen. Die Figur mit der Keule (Abb. oben rechts) stellt den Helden «Gatutkaca» dar, die Figur mit dem Hauschwert (Abb. oben links) einen Fürsten (Prabu) vom Typus «Hendrasubrasta» und die Figur mit dem geflammten Kris (Abb. unten links) stellt einen Prinzen vom Typus «Sabrangan Bagus» dar.

Die Rangfolge der Figurenkarten ist nicht eindeutig, da die Firma Dondorf jedoch regelmäßig auf dem Treff-Buben firmiert, kann angenommen werden, daß die Figur «Gatutkaca» (oben rechts) den Buben darstellt, vermutlich entspricht die Figur vom Typus «Hendrasubrasta» der Dame und die des «Sabrangan Bagus» dem König.

Die As-Karten der schwarzen Farbzeichen (Abb. unten rechts) zeigen in der einen Hälfte eine javanische Landschaft, in der anderen eine große Schattenspielfigur mit angreifenden Soldaten. Diese Art von Figuren heißen «Rampogan». Auf den roten Assen zeigt die eine Hälfte eine dörfliche Moschee mit typischem Doppeldach, daneben ein Profan-Gebäude. Die Figur auf der anderen Hälfte ist vermutlich der Prinz «Raden Pamadé» (Arjuna) in Meditation. – Somit scheinen die roten Farben unter dem Aspekt der Kampfesvorbereitung, die schwarzen im Zeichen des Kampfes selbst zu stehen.

Lit.: Braun Nr. 325; Buß S. 86.

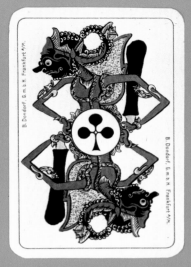

B. Dondorf, G. m. b. H. Frankfurt A/M.

B. Dondorf, G. m. b. H. Frankfurt A/M.

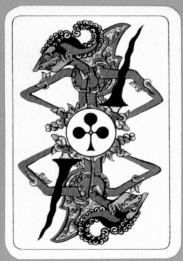

Wahrsage-Karte No. 1 und 2

Vor 1879
8,5 × 5,3 cm
Steuerstempel: Königreich Preußen
RS: Mehrfarbige Vignette mit «BD»
in der Mitte
36 Blatt in Schachtel
Inv.-Nr. B 1649

In das Sortiment der Firma Dondorf
gehört auch ein Wahrsagespiel, das
zuweilen nach der französischen
Wahrsagerin Madame Lenormand benannt wird, obwohl die Dondorf'schen
Karten mit dieser Dame nichts zu tun
haben.

Dieses mit symbolträchtigen Bildern
arbeitende Wahrsagespiel ist seit dem
frühen 19. Jahrhundert im deutschen
Sprachgebiet nachzuweisen. Das alte
Spiel wurde von der Firma Dondorf
neu gezeichnet und in chromolithografischer Technik gedruckt.

Das Spiel gibt es in zwei unterschiedlichen Ausführungen; in der einen ist in jedes der 36 Blatt eine Spielkarte mit französischen Farbzeichen
eingeblendet; in der anderen findet
sich an Stelle der kleinen Spielkarten
ein erläuternder Vers.

Das Spiel Inv.-Nr. B 1649 ist mit
dem königlich-preußischen Steuerstempel versehen, muß also vor 1879
datiert werden. Die Wahrsage-Kar-
ten sind in den Dondorf'schen Musterbüchern Nr. I bis IV nachzuweisen,
in Nr. IV mit dem Vermerk «Mit
Erklärung in deutscher, französischer,
holländischer, dänischer oder portu-
giesischer Sprache lieferbar».

Das Spiel ist heute noch im Sortiment vieler Firmen, wobei nicht jede
Ausführung als Nachahmung der

Dondorf'schen Karten angesprochen
werden kann.

Lit.: Braun Nr. 202; Fournier Nr. 225;
Hoffmann/Kroppenstedt, Wahrsage-Kar-
ten S. 113–122, bes. Kat. Nr. 54.

Deutsche Kinderlieder, Komische Karten No. 300

Vor 1886
9,3×6,5 cm
RS: Hellblau
52 Blatt in Schachtel
Inv.-Nr. 1975-18

Das Quartettspiel «Deutsche Kinderlieder» besteht aus 13 Vierergruppen.
Jedes Quartett teilt ein Kinderlied in
vier Einheiten auf, die auf den vier
Karten verteilt und illustriert werden.
Die Reihenfolge bestimmen die Zahlen
1 bis 4. Ein Symbol ermöglicht es auch
dem Kind, das noch nicht lesen kann,
mitzuspielen. Die bildliche Interpretation der vier Zahlen erfolgt in einem
karikierenden Stil; deswegen heißt das
Spiel auch «Komische Karten No.
300». Beziehungen zu den «Cartes comiques» (S. 52) und dem «Musikalischen Spiel» (S. 56) sind denkbar.

In der Schachtel des abgebildeten
Spiels befindet sich die handschrift-
liche Angabe «K. Gaus 1886»; es ist
jedoch durchaus möglich, daß die
Karten schon erheblich vor diesem
Zeitpunkt erschienen sind.

1. Wer hat die schönsten
Schäfchen?
die hat der goldne Mond,

2. Der hinter uns'ren Bergen
am Himmel droben wohnt.

3. Da weidet er die Schäfchen,
auf seiner blauen Flur.

4. Denn all' die lichten Sterne,
sind seine Schäfchen nur

1.  Schlaf', Kindchen, schlaf',

2. Dein Vater hüt' die Schaf';

3. Dein' Mutter hüt' die Lämmelein,

4. Schlaf', mein liebes Kindchen, ein, Schlaf', Kindchen, schlaf'!

1. Ich und du,

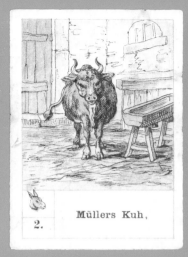

2. Müllers Kuh,

3. Müllers Esel:

4. Der bist du!

Frage-und-Antwort-Spiel

Um 1870
9,4×6,4 cm
RS: Hellrosa
46 Blatt von 48
Inv.-Nr. A 1405

Das Frage-und-Antwort-Spiel besteht aus 24 Kartenpaaren, deren eine die Frage, die andere aber die Antwort zeigt. Viele Antworten werden erst in ihrem Sinngehalt deutlich, wenn man dazu die Bilder sieht. Etwa bei Frage 7 wird gefragt, was dem Jungen gebührt, der ein Vogelnest ausraubt. Die Antwort stellt fest, daß der Vater ihm schon «den wohlverdienten Lohn» gebe; daß dieser Lohn eine Tracht Prügel ist, kann man nur dem Bild entnehmen. Das Frage-und-Antwort-Spiel macht die Erziehungsmethoden und die gesellschaftlichen Normen des späten 19. Jahrhunderts anschaulich.

In der Sammlung Burgdorf befindet sich das gleiche Spiel in der Originalschachtel mit dem Dondorf'schen Firmenzeichen, der Verkaufsnr. 305 sowie dem Titel «Frage und Antwort Spiel». Eine mehrfarbige Variante befindet sich in der Sammlung des Deutschen Spielkarten-Museums; es ist nicht sicher, ob es sich dabei um Dondorf'sche Karten oder eine Nachahmung handelt (Inv.-Nr. A 421).

Frage	Trat'st Du Jemand aus Ver-
	sehen,
12	Sprich, was muss alsdann ge-
	schehen?

Antwort	„Bitte gütigst zu verzeih'n!"
	Lass Dein erstes Wort dann
12	sein.

Frage	In Gesellschaft will ich geh'n,
16	Bin ich da wohl gern geseh'n?

Antwort	Zeigst Du brav Dich und
	bescheiden,
16	Werden Alle wohl Dich leiden.

Frage	Da steht der Bau, so stolz und hoch,
6	Ich frage Dich: was fehlt ihm noch?

Antwort	Ein einz'ger Stoss von meiner Hand,
6	Und Alles purzelt in den Sand.

Frage	Lieber Karl, darf ich Dich fragen,
11	Ob Du mal das Kind willst tragen?

Antwort	Nein, damit lass mich in Ruh,
11	Männern kommt so was nicht zu.

Frage	Wen von uns wohl der Kadett
21	Am liebsten jetzt am Arme hätt'?

Antwort	Eine kann ihm nicht genügen,
21	Zwei nur machen ihm Vergnügen.

Frage	Marie macht dem Lehrer Freude —
9	Was erfolgt darauf noch heute?

Antwort	Ihre Eltern führen sie
9	D'rauf in die Menagerie.

Struwwelpeter-Spiel

Letztes Viertel 19. Jahrhundert
9,1 × 6 cm
RS: Grüne Vignette mit Firmenzeichen «BD» auf hellblauem Grund
36 Blatt in Schachtel
Privatsammlung

Daß B. Dondorfs Produktion an Ge-
sellschaftsspielen für Kinder besonders
reich und vielfältig war, kann heute
nur noch aus mehr oder weniger zu-
fälligen Funden erschlossen werden.
Das vorliegende Struwwelpeter-Spiel
wurde offenbar für den Export nach
Holland, Belgien und Frankreich gemacht, da ihm zwei Spielanleitungen
beiliegen, die eine in Holländisch, die
andere in Französisch. Das Spiel besteht aus 9 × 4 Karten. Jedes Quartett
ist einer Struwwelpeter-Geschichte
gewidmet: Suppen-Kasper, Paulin-
chen, dem Daumenlutscher, Hans-
Guck-in-die-Luft, dem bitterbösen
Friederich und dem Zappel-Philipp.

Im Vergleich zu den Spielen «Deutsche Kinderlieder» (S. 198) und «Frage-und-Antwort-Spiel» (S. 202) sind
Druckqualität sowie Qualität des Pa-
piers und der Verpackung hervorra-
gend. Da gemäß der Beschriftung auf
der Schachtel die Ausgabe sowohl
durch den Verleger, als auch durch
den Autor autorisiert ist, muß das
Spiel vor dem Tode des Frankfurter
Autors Heinrich Hoffmann (1894),
der 1847 den Struwwelpeter geschrieben hatte, herausgebracht worden
sein.

1. Quand Jean à l'école partait
   En l'air toujours il regardait,
   Mais il ne s'inquiétait guère
   De ce qui se passait à terre

9

2. Quand un chien trop vite accourait
   Jean, le nez en haut et distrait,
   Marchait . . . au bout d'une minute
   Ils faisaient tous deux la culbute !

10

3. Un jour il descend sur le quai
   Sans même l'avoir remarqué,
   Plus qu'un pas – pouff ! – dans la rivière
   Jean va la tête la première ! . . .

11

4. On le repêche dans les eaux,
   Mais il est trempé jusqu'aux os ;
   Regardez : quel air pitoyable !
   La leçon sera profitable.

12

207

208

1. Gaspard était frais, rose et sage,
   Mangeait jusqu'au bout son potage;
   Un jour il se met à crier:
   „Non je ne veux plus en manger!"

25

2. Le lendemain . . tiens, c'est étrange:
   Regardez déjà comme il change . .
   Pourtant, il s'entête à crier:
   „Non, je ne veux plus en manger!"

26

3. Le troisième jour, ô prodige!
   Il était sec comme une tige.
   Mais il continue à crier:
   „Non, je ne veux plus en manger!"

27

4. Le quatrième jour, à peine
   S'il était comme un fil de laine
   On pleurait déjà sur son sort
   Et le cinquième, il était mort!

28

Wappen-Quartett No. 340

Um 1900
8,5×5,5 cm
RS: Hellblau
48 Blatt, 1 Landkarte, Spielregel in
Schuber
Inv.-Nr. B 1240

Die dem Wappen-Quartett beigefügte
Karte von Europa zeigt den Zustand
vor dem Ersten Weltkrieg, auch die
Zuordnung mancher Städte zu den
Ländern zeigt die Machtverhältnisse
im Europa des 19. Jahrhunderts: Die
irische Hauptstadt Dublin gehört zu
Großbritannien, die polnische Hauptstadt Warschau zu Rußland und die
italienische Stadt Triest ist Österreich
zugeordnet. Die Dekoration der
Schachtel ist mit den Initialen «J. K.»
bezeichnet.

Oesterreich

Triest
Graz
Salzburg
Wien

6

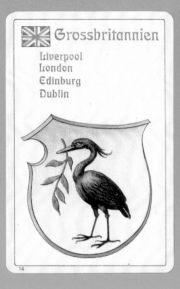

Grossbritannien

Liverpool
London
Edinburg
Dublin

14

Oesterreich

Wien
Triest
Graz
Salzburg

5

Russland

Warschau
Riga
Petersburg
Odessa

22

Der Schwarze Peter

Nach 1906
10,5 × 6,3 cm
RS: Grüne Vignette mit Firmenzeichen «BD» auf hellblauem Grund
37 Blatt in Schuber
Inv.-Nr. A 1503

Das Schwarze-Peter-Spiel besteht aus
18 Paaren und dem «Schwarzen Peter», der als amerikanischer Neger ge-
zeigt wird. Die Karten sind von 1 bis
37 durchnumeriert, wobei der
«Schwarze Peter» die Nr. 1 hat. Jeweils zwei Karten lassen sich einander
zuordnen, wobei unterschiedlich
schwierig herauszufinden ist, was zu-
sammengehört: Landsknecht-Pfeifer
und Landsknecht mit Schwert, Hütte
und Villa, Fichte und Birke bilden
ebenso ein Paar wie Tiger und Löwe,
Lilie und Iris, Schildkröte und Frosch
(Wassertiere). Da die Firma Dondorf
als GmbH auf der Schachtel firmiert,
muß das Spiel nach 1906 datiert werden. Auch die Fahrradfahrer oder das
Kriegsschiff wären vom Motiv her
nicht viel früher zu datieren.

214

Dokumentation

Steuerstempel und die Dondorf'schen Spielkarten

Seit dem 1. 1. 1981 ist in der Bundesrepublik Deutschland die Besteuerung von Spielkarten entfallen. Daß Spielkarten einer indirekten Steuer unterlagen, ist heute nur noch wenigen bekannt, denn seit der Gründung der Bundesrepublik ist dies auf den Spielkarten nicht mehr ersichtlich, da die Steuer direkt mit dem zuständigen Zollamt und der Fabrik abgerechnet wurde; eine äußerliche Kennzeichnung war nicht mehr notwendig. Bis zum Jahre 1939 war es jedoch laut Gesetzgebung erforderlich, daß der Steuersatz auf jedem Spiel sichtbar war, sei es durch einen Stempelaufdruck (Steuerstempel) auf einer bestimmten Karte oder durch eine aufgeklebte Steuermarke auf der Verpackung.

Der Spielkartensammler sieht sich vor einer Fülle von Steuerstempeln unterschiedlichster Art und Herkunft. Kenntnisse der Steuerstempel sind jedoch erforderlich zur Datierung und Herkunftsbestimmung eines Spiels.

Eingeführt wurde die Besteuerung von Spielkarten bereits im 17. Jahrhundert in Frankreich, wenig später im deutschsprachigen Raum.

Wir beschränken uns innerhalb unseres Zusammenhangs auf den Zeitraum der Dondorf'schen Produktion von etwa 1833 bis 1933.

Eine einheitliche Gesetzgebung für die Besteuerung von Spielkarten in allen deutschen Staaten gibt es erst seit der Gründung des Deutschen Reiches 1870/71. Da die Besteuerung von Spielkarten bis dahin Sache der einzelnen Staaten war, ist es notwendig, einen historischen Überblick über die Vielstaaterei im deutschsprachigen Gebiet bis zur Reichsgründung zu geben.

Bei Gründung der Firma B. J. Dondorf im Jahre 1833 sah es in deutschen Landen etwa so aus: Als Folge der Französischen Revolution und der sich daran anschließenden Napoleonischen Kriege, bemühte sich der Wiener Kongreß 1814/15 um die Neuordnung der Staaten Europas. 1816 wurde der Deutsche Bund mit Sitz des Bundestages in Frankfurt am Main, unter österreichischem Vorsitz, gegründet. Dem Deutschen Bund gehörten 35 Staaten und vier Freie Städte an. Jeder dieser Staaten war souverän und verfügte folglich über eigene Steuergesetze, die sich auch auf die Besteuerung von Spielkarten auswirkten. Viele Staaten hatten eigene Stempel, manche betrieben den Verkauf von Spielkarten als Staatsmonopol, z. B. Preußen, Sachsen-Weimar und das Königreich Sachsen. Anläßlich der Gründung des Deutschen Zollvereins 1833 wurde in Preußen das Staatsmonopol aufgehoben.

Der Kampf zwischen Preußen und Österreich um die Vorherrschaft im Deutschen Bund führte 1866 zum preußisch-österreichischen Krieg, der mit dem Friedensvertrag von Prag am 23. 8. 1866 sein Ende fand. Hannover, Kurhessen, Schleswig, Holstein, Nassau und die bis dahin Freie Stadt Frankfurt am Main wurden von Preußen annektiert. Sachsen und die Kleinstaaten nördlich der Mainlinie traten dem Norddeutschen Bund unter preußischer Vorherrschaft bei. Österreich schied aus dem Deutschen Bund aus, der damit erlosch. Von nun an geht Österreich in Gesetzgebung und Zollvereinbarungen seine eigenen Wege.

Der Zollvereinsvertrag des Norddeutschen Bundes, der am 8. 7. 1867 in Kraft trat, erkannte die Spielkartensteuer als Ländersache an. Somit war immer noch keine einheitliche Besteuerung gegeben. Aus jener Zeit stammen die Steuerstempel (Abb. 1–4) auf den Dondorf'schen Spielkarten.

Die Zustände beim Abschluß des Zollvereinsvertrags kommentiert Stuckmann auf Seite 128 wie folgt: «In der Gesetzgebung der damaligen Bundesstaaten gab es sowohl die Form der Erhebung beim Produzenten als auch beim Händler. Preußen hatte eine Fabrikatsteuer. Einige Bundesstaaten erhoben keine Spielkartensteuer, bei den anderen differierten die Steuersätze zum Teil beträchtlich.»

Stuckmann gibt dann eine «Übersicht der vor Einführung der Reichssteuer vom Jahre 1878 in den damaligen deutschen Bundesstaaten bestehenden Landessteuern auf Spielkarten», die wir nachfolgend wiedergeben:

PREUSSEN

    Tarockkarten und französische Karten
    von mehr als 32 Blättern vom Spiel . . . . –,80
    Französische Karten von 32 oder weniger Blättern
    (Piquetkarten) deutsche Karten oder Traplierkarten . . . . . –,30

BAYERN

    Deutsche Karten von 36 oder weniger Blättern . . . . –,30
    Für jedes andere Kartenspiel . . . . –,60

SACHSEN

    Tarockkarten 1,50
    Französische Karten 1,–
    Deutsche Karten oder nach deutscher Art . . . . –,50
    Andere Karten 1,–

Abb. 1 Steuerstempel
«Oberbayern 8 Kr.»,
vor 1870 (vgl. S. 64)

Abb. 2 Steuerstempel
«Kön. Württb. Sportel
Amt», vor 1870
(vgl. S. 138)

Abb. 3 «Karten-Stem-
pel 50 Pf», Königreich
Sachsen, um 1870, für
ein Spiel mit deutschen
Farben, 32 Blatt
(vgl. S. 168)

Abb. 4 «Kartenstempel
1 MK», Königreich
Sachsen, um 1870, für
ein Spiel mit franz. Far-
ben, 52 Blatt (vgl. S. 58)

WÜRTTEMBERG
Tarockkarten . . . . –,40
Andere Karten . . . . –,20

BADEN   Keine Abgabe.

HESSEN
Kartenspiele von mehr als 52 Blättern . . . . –,80
Kartenspiele von 32–52 Blättern . . . . –,50
Kartenspiele bis zu 32 Blättern . . . . –,15

MECKLENBURG-SCHWERIN
Für jedes Spiel . . . . –,25

SACHSEN-WEIMAR
Spiele von mehr als 36 Blättern . . . . –,50
Spiele von 36 und weniger Blättern . . . . –,30

MECKLENBURG-STRELITZ   Keine Abgabe.

OLDENBURG
Wie in Preußen;
im Fürstentum Birkenfeld jedoch keine Abgabe.

BRAUNSCHWEIG
Tarockkarten . . . .   –,70
Whist- und L'hombrekarten . . . .   –,50
Piquet- und deutsche Karten . . . .   –,30

SACHSEN-MEININGEN
Kartenspiele von mehr als 36 Blättern . . . .   –,60
Kartenspiele von 36 und weniger Blättern . . . . . .   –,40

SACHSEN-ALTENBURG
Tarockkarten . . . .   –,90
Französische Karten . . . .   –,50
Deutsche und nach deutscher Art . . . .   –,25

SACHSEN-KOBURG
Spiele von 36 Blättern und darunter . . . .   –,40
Spiele von mehr als 36 Blättern . . . .   –,60

SACHSEN-GOTHA
Tarockkarten und französische Karten . . . .   –,80
Piquetkarten, deutsche etc. . . . .   –,30

ANHALT
Wie in Preußen.

SCHWARZBURG-RUDOLSTADT
Tarockkarten   1,40
Französische Karten . . . .   –,85
Deutsche Karten . . . .   –,20

SCHWARZBURG-SONDERSHAUSEN
Tarockkarten   1,–
Deutsche Karten . . . .   –,50
Französische Karten . . . .   –,25

WALDECK
 Tarockkarten und französische von mehr als 32 Blättern . .   –,60
 Piquet- und deutsche Karten . . . .   –,30

REUSS ÄLTERE LINIE
 Tarockkarten   1,50
 L'hombre- und Whistkarten 1,–
 Deutsche Karten und französische
 von 32 und weniger Blättern . . . .   –,50

REUSS JÜNGERE LINIE
 Wie in Reuß ältere Linie.

SCHAUMBURG-LIPPE
 Wie in Preußen.

LIPPE
 Für jedes Spiel . . . .   –,50

LÜBECK
 In den holsteinischen Enklaven die preußische,
 sonst keine Abgabe.

BREMEN
 Für jedes Spiel . . . .   –,50

HAMBURG
 Für jedes Spiel . . . .   –,10

ELSASS-LOTHRINGEN Keine Abgabe.

1870/71 erfolgte die Gründung des Deutschen Reiches, ihm gehörten nun 27 Länder an, dieselben, die Stuckmann in seiner Tabelle anführt. Erstmals kam es zu einer einheitlichen Gesetzgebung für die Besteuerung von Spielkarten durch das «Gesetz betreffend den Spielkartenstempel» vom 3. 7. 1878, welches am 1. 1. 1879 in Kraft trat und die Steuersätze festlegte:

 30 Pf für ein Spiel bis zu 36 Blatt
 50 Pf für alle Spiele mit mehr als 36 Blatt.

Abb. 5 und 6 «Deutsches Reich. Fünfzig Pf.
No. 15» bzw. «Dreissig Pf», nach 1878, für ein Spiel
mit 52 bzw. mit 32 Blatt (vgl. dazu S. 138)

Abb. 7 «Deutsches
Reich. Dreissig Pf.
No. 15», nach 1878, für
ein Spiel mit deutschen
Farben, 36 Blatt
(vgl. dazu S. 168)

Abb. 8 und 9 das linke Spiel mit dem Stempel des
Kaiserreiches für den Inlandmarkt, das rechte als
Export-Spiel mit italienischem Stempel, der um 1875
datiert werden muß (vgl. S. 76)

Abb. 10 Österreichi-
scher Stempel «K.K.
Kartenstempel. 120»,
vor 1906 (vgl. S. 92)

Abb. 11 Stempel des Deutschen Reiches auf einer
für den Export bestimmten Karte «Ace» statt «A»
für As (vgl. S. 88)

Die Abgaben flossen in die Reichskasse, die Bundesstaaten erhielten 5% der in ihrem Gebiet zur Erhebung gelangten Abgaben zur Abdekkung von Verwaltungskosten. Das Gesetz sah vor, daß jedes zum Verkauf gelangende Spiel auf einer bestimmten Karte (meist Herz-As und Herz-Daus) mit dem Steuerstempel versehen wurde. Dieser Stempel trug die Aufschrift «Deutsches Reich. No. 15. Fünfzig Pf.» oder entsprechend «Dreissig Pf.». Die Nummer im Stempel zeigte die zuständige Zollstelle an, bei der das Spiel versteuert worden war. Stempelstellen wurden im Deutschen Reich überall dort errichtet, wo man Spielkarten herstellte, in unserem Fall steht die No. 15 für Frankfurt/M. (vgl. dazu Abb. 5–7).

Spiele, die für den Export bestimmt waren, unterlagen nicht der deutschen Steuer, meist wurden sie am Ort der Bestimmung verzollt, sofern der Staat Steuern auf Spielkarten erhob (siehe Abb. 8–10).

In der Dondorf-Sammlung des Deutschen Spielkarten-Museums gibt es jedoch auch Beispiele dafür, daß Export-Spiele mit dem deutschen Stempel versehen wurden (vgl. Abb. 11).

In der Zeit von 1879 bis 1918 haben wir einheitliche Steuerstempel und Steuersätze, wenn zuweilen auch eine unterschiedliche Schreibweise des Wortes «Dreissig» bzw. «Dreißig» im Stempel festzustellen ist.

In der Weimarer Republik wird mit dem Spielkartensteuergesetz vom 10. 9. 1919 (gültig ab 1. 11. 1919) die Steuer wie folgt festgesetzt:

1,– M für Spiele mit bis zu 24 Blatt
2,– M für Spiele mit 25 bis 47 Blatt
3,– M für Spiele ab 48 Blatt und mehr.

Für diese Besteuerung fand sich in der Dondorf-Sammlung im Deutschen Spielkarten-Museum kein Beispiel, wir bilden daher eine Karte aus einem Spiel der Firma Fromann & Bünte, Darmstadt, ab (vgl. Abb. 12). Spielkarten mit diesem Stempel sind in der Sammlung des Museums überhaupt kaum vorhanden, wahrscheinlich wegen der sich bereits ankündigenden Inflationszeit.

Mit dem Spielkartensteuergesetz vom 9. 7. 1923 (in Kraft ab 1. 8. 1923) wird ein einheitlicher Steuersatz von 2000,– M pro Spiel festgesetzt, durch Verordnungen wurde dieser Satz dem jeweiligen Stand der Geldentwertung angepaßt. Z. B. wird durch die Verordnung vom 27. 10. 1923 der Steuersatz pro Spiel auf 30 Goldpfennig festgesetzt. Von nun an entfällt die Angabe des Steuersatzes auf dem Stempel.

Die Dondorf'schen Karten in der Sammlung des Museums zeigen in der Zeit der Weimarer Republik alle die «Nr. 2» als Stempelstelle, während Frankfurt/M. im Kaiserreich die No. 15 hatte. Da kein Steuer-

Abb. 12 «Deutsches Reich 1 M» Steuerstempel der Weimarer Republik zwischen 1919 und 1923 auf einem Spiel aus der Produktion der Darmstädter Firma Fromann & Bünte (Inv. Nr. A 612)

13

14

15

16

17

Abb. 13 und 14 Stempel der Weimarer Republik «Deutsches Reich. Nr. 2»: Abb. 13 zeigt die Medici-Karte (vgl. S. 116), Abb. 14 das Herz-As der Empire-Karte (vgl. S. 110), beide Stempel in sog. gotischer Schrift

Steuerstempel der Weimarer Republik mit Druck-buchstaben auf der Baronesse-Karte, Abb. 15 (vgl. S. 106), einer Variante des Dondorf'schen Standard-bildes auf Abb. 16 (vgl. dazu S. 132) und auf einem Spiel mit deutschen Farben, Abb. 17 (vgl. S. 170)

224

Abb. 18 und 19 Spielkarten der Firma C. L. Wüst, Frankfurt/M., Abb. 18 mit dem Kaiserreichstempel und Stempel No. 15 (für Frankfurt) und auf Abb. 19 Stempel der Weimarer Republik No. 90 (Altenburg) (Inv. Nr. A 773 und B 413)

Abb. 20 Stempel der Weimarer Republik auf einem Exportspiel für Dänemark, es ist eine Variante zu der Whist Karte No. 184 (vgl. S. 84)

Abb. 21 Eine weitere Variante des Weimarer-Republik-Stempels, wahrscheinlich nach 1933 in Gebrauch (vgl. dazu S. 160)

stempel aus der Weimarer Zeit auf den Dondorf'schen Karten die Nr. 15 aufweist, ist anzunehmen, daß die Nummer der Stempelstelle geändert wurde (vgl. Abb. 13–17).

Interessant wäre zur Frage der Stempelstellen-Nummer ein Vergleich mit dem Steuerstempel der Firma Wüst in der Zeit der Weimarer Republik, jedoch war kein gestempeltes Spiel aus der Wüst'schen Produktion aus dieser Zeit auffindbar. In der Kaiserzeit hatten auch die Spielkarten von Wüst den Stempel «No. 15». Wüst wurde 1927 von den ASS aufgekauft, somit gibt es Spiele mit dem Wüst'schen Firmennamen und dem Steuerstempel von Altenburg (Abb. 18 und 19).

Abb. 22 Steuerstempel des «Dritten Reiches» mit Adler und Hakenkreuz. Die Nr. 90 bezeichnet die Stempelstelle Altenburg/Thür. (Inv. Nr. B 632)

Auch in der Weimarer Republik unterlagen Spiele für den Export nicht der Steuer, trotzdem sind auch aus dieser Zeit Beispiele vorhanden, daß Exportspiele in Deutschland verblieben und deswegen mit dem deutschen Steuerstempel versehen wurden (vgl. Abb. 20: Exportspiel für Dänemark mit den Randzeichen «E» und «Kn» für As und Bube).

Auf einem Spiel, welches unter dem Namen Dondorf nach 1933 vertrieben wurde, findet sich eine weitere Variante des Steuerstempels der Weimarer Republik (vgl. Abb. 21).

Um die kurze Beschreibung der Steuerstempel bis zum Beginn des Zweiten Weltkrieges, 1939, abzurunden, und damit den Anschluß an die anfangs beschriebene Situation zu haben, wird noch ein Stempel aus der Zeit des Dritten Reiches abgebildet, der von 1936 bis 1939 in Gebrauch war (vgl. Abb. 22). Am 25. 8. 1939 trat eine Neufassung des Spielkartensteuergesetzes in Kraft, von nun an entfiel die Abstempelung von Spielkarten.

Literatur zum Thema deutsche Spielkartenstempel: Blanquet, S. 81–101; S. Mann, *German Tax Stamps after 1878* in: JIPCS VI, 3, 1978, S. 82–86; Reisig, S. 38–42; Stuckmann, S. 126–135 u. S. 158–161; W. Suma, *Comments on German Tax Stamps after 1878* in: JIPCS VII, 2, 1978, S. 54/55; W. Teske, *Die Zündwaren-, Spielkarten-, Leuchtmittel-Besteuerung, das Zündwarenmonopolgesetz*, S. 48–66 (= Zollbücherei Bd. 16, 1954).

Firmeneindrucke

B. Dondorf, Francfort s/M oder Frankfurt A/M für die Zeit bis 1906

B. Dondorf G.m.b.H. Frankfurt A/M ab 1906 (Gründung der GmbH)

Firmenbezeichnungen auf Verpackungen und Exportspielen.

Asse aus der Dondorf'schen Produktion, die auch von der Nachfolge-
firma ASS, Altenburg/Thüringen, beibehalten wurden.

Der Dondorf'sche Drachen, der sich auf vielen Schachteln der Firma befindet, wurde etwa ab 1933 als Klebemarke der Innenverpackung verwendet. Die Firma ASS verwendet ihn heute noch als Kennzeichen.

Firmenbezeichnung auf einer Schachtel nach der Übernahme durch die Firma ASS

Rückseiten Dondorf'scher Spielkarten

1

2

3

4

5

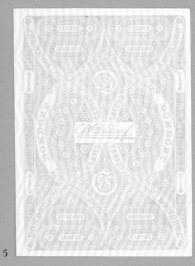

6

7

8

9

10

11

12

234

13

14

15

16

17

18

19

20

Die Rückseiten, die auf den Seiten 232 bis 236 abgebildet sind, gehören zu folgenden Kartenspielen:

Die Herstellung von Spielkarten um 1925

(Auszug aus: Otto v. Blanquet, *Die deutsche Spielkartenindustrie,* Berlin, Friedrich-Wilhelms-Universität, Dissertation 1926, S. 103–109)

Die Fabrikation der Spielkarten beginnt im allgemeinen mit der Herstellung des Kartons, sofern dieser nicht fertig bezogen wird, wie dies bei den kleineren Betrieben üblich ist.

Bei der Besprechung der Rohstoffe ist [innerhalb des vorausgegangenen Textes der Dissertation] bereits die Verschiedenartigkeit der verwendeten Papiere und Kartons erörtert worden, und es wurde erwähnt, daß ein Spielkartenblatt aus mehreren, meistens zwei oder drei, Lagen von zusammengeklebtem Papier besteht. Hierbei ist wesentlich, daß nur Papiere gleicher Stärke zum Zusammenkleben verwendet werden. Ist dies nicht der Fall, so verziehen sich die Kartenblätter nach einiger Zeit und nehmen muldenartige Form an. – Diese erste Klippe der Fabrikation ist unbedeutend gegenüber den Schwierigkeiten, die das Kleben selbst bietet. Es wurde oben erwähnt, welche Eigenschaften ein guter Klebstoff haben muß, um ein einwandfreies Fabrikat zu gewinnen. Trotz der besten Rezepte und sorgfältiger Verarbeitung kann es jedoch auch bei alten, eingearbeiteten Betrieben vorkommen, daß einzelne Auflagen teilweise nicht einwandfrei geklebt sind. Der Fehler äußert sich meistens erst, wenn die Karten in den Verbrauch gelangt sind, dadurch, daß die Kartenblätter beim Mischen spalten, d. h. daß sich – hauptsächlich an den Ecken – das Vorder- und Rückseitenpapier voneinander lösen oder Teile absplittern. Dadurch wird das Spiel unbrauchbar, besonders dann, wenn auf der Rückseite ein Stück Papier abgerissen ist, und das betreffende Blatt an dem Fehler für den Spieler erkennbar wird.

Das Spalten kann entstehen durch falsche Zusammensetzung des Kleisters, durch Luftblasen, die beim Kleben zwischen den Bogen bleiben oder auch durch zu hartes Papier, das den Kleister nicht annimmt. Dazu kommen noch sehr viele Zufälligkeiten, denen auch ein Betrieb mit jahrzehntelangen Erfahrungen ausgesetzt ist. Fehler bei einzelnen Blättern kann es auch bei größter Sorgfalt geben. Spalten ganzer Spiele oder Auflagen ist ein Mangel des Betriebs.

Je nach der Qualität der Karten erfolgt das Kleben in verschiedenen Stadien der Fabrikation. Die billigsten Sorten, die auf der Rückseite ein bis an die Blattränder durchgehendes Muster haben, werden erst nach dem Druck geklebt. Dies trägt dazu bei, die Herstellung zu verbilligen, da das Bedrucken der einfachen Bogen schneller geht, als das des geklebten Kartons. Der zu den mittleren und besseren Qualitäten verwendete Karton wird vor dem Druck geklebt.

Die Technik des Klebens ist bei allen Sorten die gleiche. Zum Auftragen des Kleisters dient eine Bogenklebmaschine, deren Hauptbestandteil mehrere übereinander angeordnete, mit Filz bezogene Walzen sind, die den Kleister gleichmäßig auf das zwischen ihnen hindurchgeschobene Papier übertragen. Stöße geklebten Kartons werden aufeinander geschichtet und in einer hydraulischen Presse unter starken Druck gebracht. Nach genügender Pressung werden die Bogen in geheizten Räumen zum Trocknen aufgehängt. Zur Verringerung der Anzahl der für das Kleben und Trocknen des Kartons erforderlichen Arbeitsverrichtungen, bei denen die ziemlich schweren Papierstöße mehrmals hin und her getragen werden müssen, hat man die Kombination der einzelnen Arbeitsvorgänge versucht. In Amerika werden daher teilweise Rollenklebmaschinen verwendet, bei denen das Papier nicht schon vorher in einzelne Bogen geschnitten ist, sondern die Bahnen zweier Papierrollen über die Klebwalzen geleitet werden. Von einem späteren Walzenpaar werden die beiden Bahnen zusammengepreßt und der überschüssige Kleister entfernt. Erst durch ein dahinter angeordnetes Schneidewerk werden die Kartonstücke in dem gewünschten Format abgeteilt. Man hat hiermit auch noch das Trocknen der Bogen kombiniert, indem hinter dem Schneidewerk eine geheizte Trommel eingefügt ist, in der die Bogen getrocknet werden, während ein am Schluß stehender Kalander die geschnittenen Bogen glättet.

Eine derartig kombinierte Maschine bedeutet eine außerordentliche Rationalisierung der Kartonherstellung, verlangt aber als Voraussetzung für genügende Ausnutzung eine große ununterbrochene Nachfrage nach demselben Karton. Bei der augenblicklichen Organisation der deutschen Spielkartenindustrie und der erst teilweise durchgeführten Typisierung der Fabrikate würde auch bei normaler Geschäftslage die Leistungsfähigkeit einer solchen kombinierten Maschine von den meisten Betrieben nicht auszunutzen sein.

Das Zusammenkleben der Papiere wird zugleich benutzt, um den Karton undurchsichtig zu machen, damit später nicht die Vorderseite der Karten gegen das Licht von rückwärts zu erkennen ist. Soll ein ganz besonders fester Karton hergestellt werden, so wird ein dritter, sogenannter Mittelbogen, zwischen die beiden anderen Bogen eingelegt, der aus grauem oder blauem Papier besteht. Dadurch wird der Karton gleichzeitig undurchsichtig, und das Schwärzen fällt fort. Dieser dreifache Karton wurde bis in die neueste Zeit auch bei billigeren Sorten allgemein verwendet. Durch Vervollkommnung der Klebetechnik und Verwendung von sehr gutem, festem Papier kommt man neuerdings mit zweifachem Karton aus, wodurch eine wesentliche Verbilligung der Fabrikation eingetreten ist, da nicht nur das Mittelpapier, sondern auch ein weiteres Kleben erspart wird.

Von dem geklebten Karton wird für die billigen und mittleren Sorten ein Teil (als sogenannter Naturkarton) nach entsprechender Satinage ohne weitere Veränderung zum Druck verwendet, während der für die besseren Qualitäten bestimmte Karton noch weiter bearbeitet wird. Die fertig geklebten Bogen erhalten auf einer Streichmaschine beiderseitig einen ziemlich kräftigen Chromoanstrich der aus Kreide, Leimstoffen und verschiedenen anderen Chemikalien zusammengesetzt ist. Mit diesem Chromoanstrich erzielt man nach weiterer Bearbeitung auf Glättmaschinen einen schön glatten und glänzenden, weißen Kunstdruckkarton wie solcher besonders für die besseren Karten erforderlich ist. Der so erzeugte sogenannte Chromokarton spielt in der Spielkartenfabrikation eine große Rolle, da heute die meisten Sorten aus solchem Karton bestehen. Auf ihm kommen die vielen Feinheiten des modernen Vielfarbendrucks ganz besonders gut zur Geltung.

Der Bearbeitung auf den Kalandern unterliegen jedoch nicht nur die Chromokartons, sondern sämtliche geklebten Bogen, da sie beim Trocknen starke Krümmungen erhalten haben und vor Beginn des Drucks geglättet werden müssen. Dazu werden die Bogen durch die heißen Walzen der bei der Besprechung der maschinellen Einrichtung bereits erwähnten Kalander hindurchgeschoben. Durch den dabei ausgeübten starken Druck bei mehrmaligem Durchgang wird das Papier gerade gepreßt und auf beiden Seiten geglättet.

Nach Abschluß dieses Fabrikationsabschnittes ist der Karton bereit, Träger der bunten Zeichen zu werden, mit denen später das Glück gemeistert werden soll. Es ist jedoch zweckmäßig, den Karton eine Weile lagern zu lassen, bis mit dem nächsten Fabrikationsabschnitt, dem Druck, begonnen wird, da der Karton dadurch erfahrungsgemäß leichter zu verarbeiten ist.

Für den Druck der Spielkarten ist vor allem die Anzahl der Farben maßgebend, in denen die Kartenbilder ausgeführt sind. Diese Zahl schwankt zwischen vier und fünf für die billigsten und etwa 15 für die feinsten Sorten. Wesentlich ist die Unterscheidung des Vorderseiten- und Rückseitendrucks in technischer Hinsicht, die jeder für sich ihre besonderen Anforderungen stellen.

Das Druckverfahren wechselt entsprechend den verschiedenen Qualitäten der Karten. Für den Vorderseitendruck der geringsten Sorten wird gewöhnlich das sogenannte Buchdruckverfahren angewendet, da es für Massenauflagen die billigste Fabrikation ist. Für die besseren Qualitäten ist besonders das Steindruckverfahren geeignet, da nur durch Flachdruck die Feinheiten der zahlreichen Farben zum Ausdruck kommen, und die für Spielkarten nötige Sauberkeit und Genauigkeit der Ausführung erreicht werden. Nur wo ein Betrieb nicht auf Buchdruck eingerichtet ist, werden auch die geringeren Sorten in Steindruck oder Gummidruck (Offset) hergestellt, obwohl hierdurch von vornherein eine gewisse Verteuerung eintritt. Vor dem Druck wird je nach der Qualität der Karten und der beabsichtigten Wirkung die Anzahl der Farben bestimmt. Die Bilder werden in die verschiedenen zur Erzielung der Gesamtwirkung nötigen Farben aufgeteilt, die nacheinander gedruckt werden. Beim Buchdruck werden Klischees verwendet, die zu Platten vereinigt sind, so daß für jede Farbe eine Platte vorhanden ist. Die Anschaffung dieser Platten ist zunächst teuer, jedoch ist ihre Verwendungsdauer sehr groß. Beim Steindruckverfahren müssen für jede Farbe Lithographien angefertigt werden, die durch Umdruck auf die Steine zu übertragen sind. Dies erfordert außerordentliche Genauigkeit, damit die teilweise sehr zahlreichen Farben beim Druck ganz genau übereinander passen. Ist dies nicht der Fall, so werden die Konturen der Bilder unscharf, die Sauberkeit leidet, und die Bildwirkung wird wesentlich beeinträchtigt. Außer diesen Ungenauigkeiten der Umdrucke oder dem fehlerhaften Anlegen beim Druck selbst gibt es noch verschiedene andere Fehlerquellen, die vermieden werden müssen. So spielt z. B. die Temperatur während des Drucks, und insbesondere der Feuchtigkeitsgehalt der Luft und demgemäß des Kartons eine wesentliche Rolle. Hauptsächlich letzterer muß während des Drucks sämtlicher Farben gleichbleiben, da sich durch wechselnden Feuchtigkeitsgehalt der Karton verschieden ausdehnt und hierdurch Ungenauigkeiten verursacht werden. Dieses Verziehen während des Drucks ist eine Fehlerquelle, die nur durch äußerste Sorgfalt vermieden werden kann und große Erfahrung in der Behandlung des Kartons verlangt.

Die Grundfarben Rot, Schwarz, Gelb, Blau kommen fast in jeder Karte vor. Sie wechseln sich ab in zahlreichen Schattierungen und Kombinationen. Aus Gründen der Rationalisierung und zur Erzielung eines gleichmäßigen Drucks bei den zu einem Spiel gehörigen Blättern werden die Karten auf große Bogen gedruckt, die ein bis drei ganze Spiele enthalten.

Von dem Druck der Vorderseiten unterscheidet sich der Rückseitendruck sehr wesentlich dadurch, daß sämtliche Blätter eines Spieles das gleiche Muster erhalten, und im allgemeinen nur wenige Farben nötig sind. Die Rückseiten der billigsten und mittleren Sorten werden stets mit nur ein- oder höchstens zweifarbigem Muster bedruckt. Lediglich die feineren Sorten erhalten reichere Ausstattungen bis zu sechs oder acht Farben.

Die Schwierigkeiten des Rückseitendrucks und die Wichtigkeit einer absolut fehlerfreien Ausführung sind bereits an anderer Stelle erörtert worden. Nach Fertigstellung des Drucks einer Auflage werden die Bogen der feineren Sorten oft noch in einem geheizten Raum einzeln zum Trocknen aufgehängt. Die Farben müssen so trocken sein, daß es nicht möglich ist, sie mit dem Finger abzureiben.

Zum Schutz der Farben und zur Erhöhung der Widerstandsfähigkeit der Kartenblätter erhalten die Bogen nach dem Trocknen eine Appretur. Hierzu benutzt man Lackanstriche in verschiedenen Zusammensetzungen, deren Hauptbestandteile Kasein, Kartoffelmehl, Stärke-, Wachs- und Schellacklösungen sind, die mit verschiedenen Chemikalien behandelt werden.

Auch für diesen Anstrich hat jede Fabrik ihre eigenen Rezepte, die sie aufgrund ihrer Erfahrungen zusammenstellt. Das Streben geht besonders dahin, die Karten unempfindlich gegen Feuchtigkeit zu machen, d. h. dem Spieler die Möglichkeit zu geben, durch feuchtes Abreiben der Blätter den Schmutz zu entfernen, um die Lebensdauer des Kartenspiels zu erhöhen. Im Konkurrenzkampf der Fabriken spielt die sogenannte «abwaschbare» Karte eine große Rolle. Der Anstrich setzt tadellose Farben voraus, die sich unter der Einwirkung der verschiedenen verwendeten Chemikalien nicht verändern dürfen. Die Herstellung des Anstriches ähnelt einigermaßen der des Kartonanstriches. Zum Auftragen der Flüssigkeit dienen teilweise die bereits bei der Kartonherstellung erwähnten Streichmaschinen, unter deren Bürsten die Bogen hindurchgeschoben werden. Die fertigen Bogen werden nach dem Trocknen des Anstrichs in Stößen aufgeschichtet und stehen bereit zur nochmaligen Bearbeitung durch die Kalander, auf denen der letzte Anstrich geglättet wird. Der Lackanstrich hat die Eigenschaft, an den Stellen, wo die Bogen nicht bedruckt sind, stärker einzudringen, als dort, wo sie durch Farbe geschützt sind. Infolgedessen werden die Bogen nach der Appretur stark wellig, und teilweise sind die Umrisse des Vorderseitendrucks auf der Rückseite zu erkennen. Diese Erscheinung kann durch mehrmaliges Durchgehen zwischen den heißen Walzen des Kalanders behoben werden. Das Kalandern wird je nach der Güte der Maschinen mehrmals wiederholt, so lange, bis jede geringste Unebenheit verschwunden ist. Zugleich erhalten die Bogen Hochglanz dadurch, daß eine der Walzen schneller läuft, als die anderen. Die Bogen bewegen sich mit der langsam gehenden Walze vorwärts, so daß die schnell laufende, glatt geschliffene Walze eine starke Reibung (Friktion) ausübt und dadurch Glanz auf dem Bogen erzeugt. Hierbei werden gleichzeitig die Druckbogen hinsichtlich ihrer Widerstandsfähigkeit geprüft; denn nur sachgemäß gedruckte und gestrichene Bogen halten die Bearbeitung aus. Ist der Anstrich nicht gut oder die Farbe nicht ganz trocken, so reißt die Reibungswalze möglicherweise ganze Teile der Farbe herunter.

Mit dem Verlassen des Kalanders ist der zweite Hauptabschnitt der Fabrikation beendet und die Behandlung der Bogen als solcher abgeschlossen. Die nächste Arbeit ist ihre Zerkleinerung in die einzelnen Kartenblätter. Mit einer Pappschere werden die Bogen durchgeschnitten, damit man für das weitere Schneiden eine glatte Anlage erhält. Die Teile werden auf Kreiskartenscheren zunächst in Streifen geschnitten, und diese in die einzelnen Kartenblätter. Nur einige der billigsten Sorten haben Rückseitenmuster, die das ganze Blatt bedecken und daher beim Schneiden weniger Schwierigkeiten machen. Die besseren Karten erhalten abgepaßte Aufdrucke, die an den vier Seiten einen schmalen weißen oder getönten Rand lassen, der überall gleichmäßig breit sein muß. Bei ungenauem Schnitt werden die Ränder auf der Rückseite verschieden breit, und das Blatt ist daran erkenntlich. Ein Spiel mit mehreren oder auch nur einem solcher Blätter ist unbrauchbar. Daraus geht hervor, wie wesentlich ein peinlich genaues Arbeiten an den Schneidemaschinen ist, auf denen ein Streifen wie der andere geschnitten werden muß. Zur Bewältigung der erheblichen Schneidearbeit, die bei großen Auflagen erforderlich ist, kann nicht jeder einzelne Streifen nach einer Marke angelegt werden, sondern es erfolgt ein fast automatisches Durchschieben durch die Maschine an einer seitlichen Anlage.

Neben diesem seit langem üblichen Schneiden der Karten ist neuerdings noch das Stanzverfahren in Aufnahme gekommen, bei dem die einzelnen Kartenblätter auf einer Spezialmaschine aus den Druckbogen ausgestanzt werden. Da hierbei alle Arbeiten automatisch erledigt werden, ist eine gewisse Sicherheit für gleichmäßigen Schnitt gegeben. Jedoch nur unter der Voraussetzung, daß die Druckbogen völlig gleichartig sind und sich in den dem Schneiden vorangehenden Fabrikationsstadien auch nicht um Kleinigkeiten verziehen.

Das letzte wesentliche Fabrikationsstadium ist das Sortieren und Nachsehen der Spiele. Aus den großen Stößen geschnittener Blätter, die nach dem Schneiden in einer bestimmten Reihenfolge aufeinander gelegt sind, werden die Spiele sortiert mit der ihrer Bestimmung entsprechenden Blattzahl.

Vor und nach der Sortierung werden sie von verschiedenen Händen und Augen mehrmals geprüft; denn in diesem Stadium müssen alle Blätter mit irgendwelchen Fehlern ausgesondert werden. Sowohl die Vorderseiten, wie ganz besonders die Rückseiten werden hinsichtlich der Unregelmäßigkeiten nachgesehen, deren Entstehen in den vorhergehenden Abschnitten erörtert worden ist. Durch Vervollkommnung der Arbeit in den vorhergehenden Fabrikationsstadien kann zwar die Aufgabe des Nachsehens erleichtert werden, aber kleine Fehler an einzelnen Blättern lassen sich nie vermeiden. Auch diese auszusondern bleibt Aufgabe des Sortierens, und es gehört ein außerordentlich eingearbeitetes Personal dazu, um gerade diese Abteilung auf der Höhe zu halten. Daher beansprucht diese Arbeit auch einen verhältnismäßig großen Teil des Personals einer Spielkartenfabrik.

Das Sortieren geschieht bis heute ausschließlich durch Handarbeit. Es ist nicht wahrscheinlich, daß diese Arbeit durch Maschinen zu ersetzen wäre, jedenfalls nicht das Nachsehen, das die Feststellung und Aussonderung von fehlerhaften Blättern bezweckt. Auch für das eigentliche Sortieren ist schwer die Möglichkeit einer Maschinenarbeit vorstellbar. Jedenfalls ist es bisher nirgends gelungen, eine entsprechende Maschine zu konstruieren, wenn derartige Versuche gemacht sein sollten.

Für den technischen Leiter eines Betriebes ist das Ergebnis der Sortierabteilung, wenn sie wirklich den nötigen strengen Maßstab anlegt, insofern besonders wichtig, als er an der Menge der diese Abteilung verlassenden Spiele feststellen kann, was von einer Auflage als verkaufsfähig übrig geblieben ist. Erst in diesem Stadium ist das Verhältnis zwischen einwandfreiem Fabrikat und Ausschuß genau zu bestimmen.

Beim Schneiden erhalten die Karten spitze Ecken, die beim Gebrauch sehr bald beschädigt würden. Sie werden daher abgerundet mit einer Eckenrundmaschine, auf der mehrere Spiele zugleich bearbeitet werden können. Bei den feineren Sorten werden allgemein die Ecken, seltener die Ränder, vergoldet. Auch hierfür gibt es bisher noch keine rentable Maschine. Die Spiele werden daher zu mehreren in einen Schraubstock eingespannt, mit der Hand an den Ecken rund gehobelt, glatt gefeilt und mit Blattgold belegt. Die Aufgabe der Technik, eine brauchbare Maschine zu konstruieren, die dieses umständliche Verfahren durch schnellere und billigere Arbeit ersetzt, ist bisher noch nicht gelöst, da nur einige unzureichende Modelle vorliegen.

Damit hat die Spielkarte als solche das letzte Stadium der Fabrikation passiert. Jedes Spiel wird in einer Papierhülle verpackt und mit dem Steuerstempel versehen. Die besseren Sorten erhalten Etuis oder Kästchen, und zu je einem ganzen oder halben Dutzend zusammengepackt kommen die Karten in den Handel, um ihren verschiedenartigen Bestimmungen entgegenzugehen.

Literatur

Die verwendeten Abkürzungen finden sich in Klammern nach dem Titel.

NEUERE LITERATUR ZU SPIELKARTEN ALLGEMEIN

Dummett, Michael: The Game of Tarot. London 1980

Hoffmann, Detlef: Die Welt der Spielkarte. Leipzig u. München 1972

Mann, Sylvia: Collecting Playing Cards. Worcester u. London 1966

Spielkarten, ihre Kunst und Geschichte in Mitteleuropa. Ausstellungskat. Graphische Sammlung Albertina. Wien 1974

Journal of the international Playing Card Society (1972 bis 1979: Journal of the Playing Card Society), London ff (JIPCS). (Fachzeitschrift für Spielkartenforscher und Sammler)

VERZEICHNIS DER BENUTZTEN LITERATUR

Spezielle Literatur wird in den Anmerkungen und im Text vollständig zitiert.

ASS: Hundertfünfundzwanzig Jahre Chronik unserer Firma 1832 bis 1957. Vereinigte Altenburger und Stralsunder Spielkarten-Fabriken A. G. (ASS), Stgt.-Leinfelden 1957

Bachmann, Kurt: Von der Spielkarte und ihrer Herstellung in Vergangenheit und Gegenwart, in: Das Buchgewerbe, Leipzig, 12, 1949

Beal, Georges: Playing Cards and their history. Newton Abbot, London, Vancouver 1975

Bernström, John: Spelkort. Eskilstuna 1959

Bierdimpfl, K. A.: Die Sammlung der Spielkarten des baierischen Nationalmuseums. München 1884

Blanquet, Otto von: Die deutsche Spielkartenindustrie. Berlin, Friedrich-Wilhelms-Universität Diss., 1926

Booch, Richard: Meine Erlebnisse mit Spielkarten. Dresden 1935, Maschinenschr. Ms.

Braun, Franz: Zusammenstellung von Spielkarten seit 1850. Köln 1970 ff

Buß, Georg: Spielkarten und Kartenspiele, in: Velhagen & Klasings Monatshefte, Berlin, XXIII, 2. Bd. 1908/09

Ebeling, F. W.: Zur Geschichte der Spielkarte, in: Vom Fels zum Meer, Stuttgart, I, 1888/1889

Fournier, Heraclio: Museo de Naipes, Katalog. Vitoria, 1972

Hargrave, Catherine P.: A History of playing cards and a Bibliography of cards and gaming. Boston u. New York 1930

Höhn, Heinrich: Deutsche Spielkarten, in: Das Plakat, Berlin, XI, 7, 1920

Hoffmann, Detlef: Spielkarten, Inventarkatalog der Spielkartensammlung des Historischen Museums Frankfurt am Main. Frankfurt 1972

Hoffmann, Detlef u. Erika Kroppenstedt: Wahrsagekarten, Ausstellungskat. Bielefeld 1972

In de kaart gekeken, Ausstellungskat. Amsterdam 1976

Janssen, Han: Speelkaarten. Bussum 1965

Jensen, K. Frank: Holmblads billeder. Søborg 1975

Jensen, K. Frank: Playing Cards in Denmark. Sonderdr. Søborg 1979

Linz, Inventarkatalog der Spielkarten-Sammlung Linz. Bielefeld 1969

Martinus, I.: Groot Kaartspelen boek. Delft 1977

Mefferdt: Spielkartenkatalog des Antiquariats «Pieter Mefferdt». Amsterdam 1979

MGM Münzgalerie München Auktionskatalog I, 1980 (MGM)

Morley, H. T.: Old and curious playing cards. London 1931

Piatnik, Spielkartensammlung. Wien 1970

Pilipczuk, Alexander: Ein musikalisches Kartenspiel aus dem letzten Drittel des 18. Jahrhunderts. Sonderdr. aus dem Jahrbuch der Hamburger Kunstsammlungen, 16, 1971

Prunner, Gernot: Ostasiatische Spielkarten. Ausstellungskat. Bielefeld 1970

Reisig, Otto: Kartenblätter und Kartenspiele. Altenburg/Thür. 1938, Maschinenschr. Ms.

Schweizer Spielkarten. Ausstellungskat. Zürich 1979

Die Spielkarte. Mitteilungsblatt für Sammler. Köln 1964–1967

Spielkarten aus aller Welt vom Mittelalter bis zur Gegenwart. Ausstellungskat. Stuttgart 1968 (Kat. Stgt.)

Stuckmann, Werner: Über Entwicklung und Eigenart der deutschen Spielkartenindustrie. Greifswald, Univ. Diss., 1925

Tarocke mit französischen Farben. Ausstellungskat. Bielefeld 1968

Trumpf, Peter: Spielkarten und Kartenspiele. Heidelberg u. München 1958

Werdegang der Firma B. Dondorf, Frankfurt/M. Maschinenschr. Ms., ohne Ort, ohne Jahr (aus dem Archiv des DSM).

MUSTERBÜCHER

Die Firma AG Müller, Schaffhausen, Schweiz, gewährte uns freundlicherweise Einblick in die in ihrem Archiv vorhandenen Musterbücher, in denen neben anderen auch Musterkarten aus der Dondorf'schen Produktion eingeklebt sind. Die Musterbücher wurden teils vor 1870 (Nr. I), teils um 1870 (Nr. II) angelegt vom damaligen Besitzer der Firma, Johannes II. Müller. Wichtige Datierungsfragen konnten durch Einsicht in diese beiden Musterbücher wenigstens annähernd geklärt werden.

In der Sammlung des Deutschen Spielkarten-Museums befinden sich eine Anzahl von Verkaufskatalogen und Musterbüchern aus und mit Karten aus der Dondorf'schen Produktion. Sie wurden in chronologischer Reihenfolge datiert und numeriert:

KATALOGE UND MUSTERBÜCHER VON UND MIT «DONDORF» IM DEUTSCHEN SPIELKARTEN MUSEUM

I   Katalog «Spielkarten B. Dondorf G.M.B.H. Frankfurt a. M.» mit Preisliste datiert 1912 ($16 \times 12{,}5$ cm)

II   Katalog (wie I) zusätzlich zu I darin enthalten: Whist 268, ferner Medicäer u. Mecklenburger Karte

III   Katalog (wie II) mit Preiseintragungen in Bleistift

IV   Musterbuch «Spielkarten B. Dondorf G.M.B.H. Frankfurt A.

Main» um 1928. (13,5×24,5 cm), reine Dondorf-Produktion, Karten aufgeklebt

V Musterbuch «Spielkarten B. Dondorf Spielkartenfabrik G.M.B.H. Frankfurt Am Main» (13,5×24,5 cm)

(Laut Zeitungsausschnitt vom 5. 2. 1929 wurde im Handelsregister, Frankfurt a. M., die Firma «B. Dondorf, Spielkartenfabrik, G.m.b.H.» eingetragen. Vorher war nur «B. Dondorf G.M.B.H.», Musterbuch V ist daher zu datieren «um 1929».

VI «Rommé-Spielkarten. Je zwei Spiele zu 53 Blatt und Erklärung in feinem Kasten B. Dondorf G.M.B.H./Frankfurt A. M.» um 1928 (13,5×24,5 cm)

VII «Dondorf» mit Aufkleber «Holland, Sonder-Auftrag». ca. 1928 (13,5×24,5 cm)

VIII Musterbuch «Dondorfs Spielkarten» vor 1933 (35×24,5 cm); enthält Dondorf- u. Flemming & Wiskott-Produktion

IX Musterbuch «Dondorfs Spielkarten» 1933 (35×24,5 cm); Dondorf's «Hundertjahrkarte» u. a.

X Musterbuch oder Arbeitsbuch ohne Aufschrift, um 1935 (45×31 cm); enthält Hinweise auf Aufenthaltsorte der Steine

XI Musterbuch oder Arbeitsbuch wie X

XII Musterbuch oder Arbeitsbuch ohne Aufschrift, um 1935 (41×24 cm); mit Angaben über Zahl der Farben

Die bibliophilen Taschenbücher

In der Reihe „Die bibliophilen Taschenbücher"
erscheinen berühmte und originelle Bücher und Dokumente
aus vergangenen Jahrhunderten und Jahrzehnten
in ihrer ursprünglichen Typographie.
Zum Lesen, Sammeln und Verschenken.

Die einzelnen Gruppen:

Kulturgeschichte
Geschichte und Gesellschaft
Literatur
Märchen, Sagen, Sammlungen
Alte Kinderbücher
Kunst und Architektur
Karikaturen
Erotica
Natur und Tiere
Kulinarisches
Länder, Reisen, Veduten
Militaria
Fotografie
Kassetten-Editionen
Bibliophile Kunstpostkarten

Gesamtverzeichnis bei Ihrem Buchhändler

Kulturgeschichte

Die Gutenberg-Bibel
Nach der Ausgabe
von 1450–1455
Nachworte v. W. Schmidt
und A. Ruppel
320 Seiten, 19,80 DM
Band Nr. 1

Kladderadatsch
1. Jahrgang – 1848
140 Seiten, 82 Abb.
6,80 DM
Band Nr. 3

**Das Lob
des Tugendsamen Weibes**
Nach der Ausgabe von 1885
30 Illustrationen
von L. von Kramer
60 Seiten, 6,80 DM
Band Nr. 7

*Pater Hilarion
alias Joseph Richter*
**Bildergalerie
weltlicher Misbräuche**
Nach der Ausgabe von 1785
270 Seiten, 20 Tafeln
9,80 DM
Band Nr. 8

Anmuth und Schönheit
Nach der Ausgabe von 1797
317 Seiten, 5 Abb., 9,80 DM
Band Nr. 21

Alte Bilderrätsel
Aus dem 19. Jahrhundert
Nachwort v. Ulrike Bessler
151 Seiten, 69 Tafeln
6,80 DM
Band Nr. 22

Karl Friedrich Flögel
**Geschichte
des Grotesk-Komischen**
Nach der Ausgabe von 1862
548 Seiten, zahlreiche Farb-
und Schwarzweiß-Abb.
sowie alle Klapp- u. Ver-
wandlungseffekte, 16,80 DM
Band Nr. 24

**Herzensangelegenheiten.
Liebe aus der Gartenlaube**
Aus dem 19. Jahrhundert
Nachwort von M. Bernhard
156 Seiten, 102 Abb.
6,80 DM
Band Nr. 26

Kaiser-Wilhelm-Album
Chronologie v. H. Höfener
180 Seiten, 82 Abb.
12,80 DM
Band Nr. 34

Hans Burgkmair d. J.
Turnier-Buch
Nach der Ausgabe von 1853
Nachwort von R. Bentmann
27 Farbtafeln
nach H. Burgkmair
86 Seiten, 9,80 DM
Band Nr. 43

Andreas & Angela Hopf
Alte Exlibris
240 Seiten, 220 Abb., davon
32 in Farbe, 16,80 DM
Band Nr. 48

Oscar Ludwig B. Wolff
**Naturgeschichte des
Deutschen Studenten**
Nach der Ausgabe von 1847
232 Seiten, 29 Abb.
9,80 DM
Band Nr. 53

*U. Drumm / A. W. Henseler /
E. J. May*
Alte Wertpapiere
240 Seiten, 170 farbige Abb.
19,80 DM
Band Nr. 62

Robert Lebeck (Hrsg.)
Reklame-Postkarten
Nachwort von J. Kesting
176 Seiten, 80, meist
farbige Abb.
16,80 DM
Band Nr. 69

Elke Dröscher
Puppenwelt
172 Seiten, 80 farbige Abb.
16,80 DM
Band Nr. 70

Fliegende Blätter
1844–1854. Eine Auswahl
Herausgegeben von
M. Bernhard
213 Seiten, zahlreiche Abb.
9,80 DM
Band Nr. 74

Bilder-Gallerie
Nach der Ausgabe
von 1825/27
Nachwort von H. Höfener
540 Seiten, 226 Tafeln
14,80 DM
Band Nr. 83

**Pariser Mode
vor hundert Jahren**
Nachwort v. R. Bleckwenn
127 Seiten, 42 farbige Abb.
12,80 DM
Band Nr. 86

Ruth Malhotra
Manege frei
Artisten- u. Zirkusplakate
von Adolph Friedländer
296 Seiten, 128 farbige Abb.
19,80 DM
Band Nr. 91

Johann Willsberger
Alte Cameras
151 Seiten, 68 farbige Abb.
14,80 DM
Band Nr. 93

Robert Lebeck (Hrsg.)
Herzlichen Glückwunsch
80 alte Postkarten
Nachwort v. G. Kaufmann
175 Seiten, 80 farbige Abb.
16,80 DM
Band Nr. 94

Albert Robida
**Luftschlösser
der Belle Époque**
100 utopische Zeichnungen
Herausgegeben v. W. Petri
213 Seiten, 100 teilweise
farbige Abb., 12,80 DM
Band Nr. 97

Kurt K. Doberer
Schöne Briefmarken
172 Seiten, 80 farbige Abb.
16,80 DM
Band Nr. 99

Elke Dröscher
Puppenleben
123 Seiten, 80 farbige Abb.
16,80 DM
Band Nr. 103

Robert Lebeck (Hrsg.)
Bitte recht freundlich
80 alte Postkarten
Nachwort v. Manfred Sack
180 Seiten, 80 farbige Abb.
16,80 DM
Band Nr. 105

Wilhelm Wolf
Fahrrad und Radfahrer
Nach der Ausgabe v. 1890
Nachwort von H.-E. Lessing
270 Seiten, 342 Abb.
9,80 DM
Band Nr. 106

Rebusbilder
Aus der Wiener
allgemeinen Theaterzeitung
Nachwort von F. Bernhard
92 Seiten, 46 Farbtafeln
14,80 DM
Band Nr. 108

**Glücks-Rädlein oder
Wahrsagungs-Büchlein**
Nach der Ausgabe von 1676
100 Seiten, 6,80 DM
Band Nr. 112

Robert Lebeck (Hrsg.)
Angeberpostkarten
Nachwort von
Josef Müller-Marein
173 Seiten, 80, meist
farbige Abb.
14,80 DM
Band Nr. 115

**Journal des Luxus
und der Moden**
80 kolorierte Kupfer
aus Deutschlands
erster Modezeitschrift
Ausgewählt und erläutert
von Christina Kröll
182 Seiten, 80 farbige Abb.
16,80 DM
Band Nr. 117

Andreas & Angela Hopf
Exlibris der Dame
196 Seiten, 90, meist
farbige Abb., 16,80 DM
Band Nr. 119

Philipp Franz von Gudenus
**Reiter, Husaren
und Grenadiere**
Die Uniformen der
Kaiserlichen Armee 1734
Bearbeitung und Texte
von Hans Bleckwenn
93 Seiten, 40 Farbtafeln
14,80 DM
Band Nr. 125

Fritz Bernhard
Ballspenden
120 Farbfotos
von Elke Dröscher
247 Seiten, 19,80 DM
Band Nr. 127

Das Hausbuch der Cerruti
Nach der Handschrift in der
Österr. Nationalbibliothek
Übertragung und Nachwort
von F. Unterkircher
227 Seiten, davon
212 Farbseiten, 24,80 DM
Band Nr. 130

F. Bernhard/ F. Glotzmann
Spitzenbilder
80 kolorierte
Pergamentschnitte
188 Seiten, 16,80 DM
Band Nr. 131

Reingard Witzmann
**Freundschafts- und
Glückwunschkarten aus
dem Wiener Biedermeier**
Herausgegeben vom Histor.
Museum der Stadt Wien
200 Seiten, 113 farbige Abb.
19,80 DM
Band Nr. 134

Johann Wilhelm Petersen
**Geschichte der
deutschen National-
Neigung zum Trunke**
Nach der Ausgabe von 1782
Nachwort v. Arno Kappler
180 Seiten, 6,80 DM
Band Nr. 138

Ernst W. Mick
Altes Buntpapier
175 Seiten, davon
89 Farbtafeln, 24,80 DM
Band Nr. 140

Rainer E. Lotz
**Grammophonplatten
aus der Ragtime-Åra**
212 Seiten, 80 farbige Abb.
16,80 DM
Band Nr. 141

Robert Lebeck (Hrsg.)
**Riesen, Zwerge,
Schauobjekte**
80 alte Postkarten
Nachwort von U. Bischoff
177 Seiten, 16,80 DM
Band Nr. 143

Albert Pick
Altes Papiergeld
248 Seiten, 120 farbige Abb.
19,80 DM
Band Nr. 145

Eduard Polak
Bunte Eier aus aller Welt
181 Seiten, 80 farbige Abb.
14,80 DM
Band Nr. 146

Johann Wolfgang v. Goethe
**Juristische Abhandlung
über die Flöhe**
Lateinisch und mit
deutscher Übersetzung
Illustrationen v. J. P. Lyser
Nach der Ausgabe von 1866

Nachwort von E. W. Mick
140 Seiten, 6,80 DM
Band Nr. 147

Robert Lebeck (Hrsg.)
Liebig's Sammelkarten
Eine Auswahl
von 168 Bildern
Nachwort von
G. Kaufmann
174 Seiten, 19,80 DM
Band Nr. 148

Alexander Baumann
**Ehrenbusch'n für
d'Österreicher Armee**
Nach der Buchausgabe
von 1853
Nachwort von Sepp Joseph
143 Seiten, zahlreiche Abb.
6,80 DM
Band Nr. 150

**Das Falkenbuch
Kaiser Friedrichs II.**
Nach der Prachthandschrift
in der Vaticana
Erläuterungen
von C. A. Willemsen
304 Seiten, 222 Farbtafeln
28,– DM
Band Nr. 152

Ruth Eder
Theaterzettel
251 Seiten, 120 Abb.
12,80 DM
Band Nr. 153

Julius Jakob
**Wörterbuch des
Wiener Dialektes**
Nach der Erstausgabe
von 1929
237 Seiten, 8,80 DM
Band Nr. 156

J. M. F. v. Endter (Hrsg.)
**Das Tagebuch des Meister
Franz, Scharfrichter
zu Nürnberg**
Nach der Buchausgabe
von 1801
Erläuterungen und Nachwort
v. J. C. Jacobs u. H. Rölleke
240 Seiten, 12,80 DM
Band Nr. 160

**Die Kunst in der Liebe
und Freundschaft eine
glückliche Wahl zu treffen**
Mit 32 kolorierten Porträts
Nach der Ausgabe von 1816
116 Seiten, 12,80 DM
Band Nr. 161

Völkergallerie Europas
60 Farbtafeln
Nach der Buchausgabe
von 1830
Nachwort von Gretel Wagner
141 Seiten, 16,80 DM
Band Nr. 162

C. P. Maurenbrecher (Hrsg.)
Europäische Kaufrufe I
Straßenhändler in
graphischen Darstellungen
Mitteleuropa, England,
Rußland
200 Seiten, 93, großenteils
farbige Abb., 19,80 DM
Band Nr. 163

Robert Lebeck (Hrsg.)
Frisch, fromm, fröhlich, frei
80 alte Postkarten
Nachwort von H. Heckmann
169 Seiten, 16,80 DM
Band Nr. 166

C. P. Maurenbrecher (Hrsg.)
Europäische Kaufrufe II
Straßenhändler in
graphischen Darstellungen
Frankreich, Italien, Iberische
Halbinsel, Konstantinopel
180 Seiten, 83, teilweise
farbige Abb., 16,80 DM
Band Nr. 172

Hans J. Schickedanz (Hrsg.)
Der Dandy
Texte und Bilder
aus dem 19. Jahrhundert
206 Seiten, 70, teilweise
farbige Abb., 14,80 DM
Band Nr. 173

Wilhelm Deutschmann
Theatralische Bilder-Gallerie
Wiener Volkstheater
in Aquarellen
von Johann Chr. Schoeller
Herausgegeben vom Histor.
Museum der Stadt Wien
192 Seiten, 81 farbige Abb.
19,80 DM
Band Nr. 175

Rüdiger Lentz
Vom Kadetten zum General
Das Militär in der Karikatur
206 Seiten, 120, teilweise
farbige Abb., 16,80 DM
Band Nr. 176

William Smellie
**Anatomische Tafeln
zur Hebammenkunst**
Aus dem Englischen
von Georg Leonhart Huth

In Kupfer gestochen
von Johann M. Seeligmann
Nach der deutschen Ausgabe,
Nürnberg 1758
Nachwort von Armin Geus
142 Seiten, 37 Abb.
14,80 DM
Band Nr. 177

Robert Lebeck (Hrsg.)
Gaudeamus igitur
80 alte Postkarten
Nachwort v. Arno Kappler
174 Seiten, 16,80 DM
Band Nr. 178

Wolfgang Lauter
Tür und Tor
Zwischen drinnen
und draußen
Nachwort von Lore Ditzen
175 Seiten, 80 Farbfotos
16,80 DM
Band Nr. 180

Friedrich Seidenstücker
Von Weimar bis zum Ende
Fotografien aus
bewegter Zeit
Herausgegeben
von A. und J. Wilde
512 Seiten, 463 Abb.
29,80 DM
Band Nr. 181

Jean Henri Marlet
Pariser Volksleben
68 kolorierte Lithographien
Nachwort v. Gretel Wagner
156 Seiten, 16,80 DM
Band Nr. 182

Götter und Dämonen
Handschrift
mit Schattenspielfiguren
Nachwort v. C. B. Wilpert
60 Farbseiten, in vier
Farben mit Gold als
Sonderfarbe gedruckt
insgesamt 90 Seiten
24,80 DM
Band Nr. 185

Marianne Bernhard (Hrsg.)
Künstler-Autographen
Dichter, Maler und Musiker
in ihrer Handschrift
266 Seiten, 14,80 DM
Band Nr. 186

Didi Petrikat
Wiener Läden
Mit Sätzen v. Peter Handke
96 Seiten, zahlreiche
farbige Abb., 14,80 DM
Band Nr. 188

Elke Dröscher
Kinder-Photo-Album
Nachwort von Fritz Kempe
196 Seiten, 80 Abb.
19,80 DM
Band Nr. 189

Michael Weisser
Medaillen und Plaketten
Europäische Medaillierkunst
zwischen Historismus,
Jugendstil und Art Déco
190 Seiten, 120 Abb.
12,80 DM
Band Nr. 191

Ernst Stern
Cafe Größenwahn
Karikaturenfolge
Erläuterungen v. R. Lemp
Nachwort von H. Hoffmann
52 Seiten, 17 farbige Abb.
9,80 DM
Band Nr. 192

Ruth Malhotra
Horror-Galerie
Ein Bestiarium der Dritten
Französischen Republik
180 Seiten, 51 farbige Abb.
16,80 DM
Band Nr. 194

Robert Lebeck
In Memoriam
Fotografien auf Gräbern
Einführung von Fritz Kempe
175 Seiten, 80 farbige Abb.
19,80 DM
Band Nr. 195

Vending Machine Cards
Pin-up-Girls von gestern
Nachwort von M. Naumann
171 Seiten, 79 farbige Abb.
16,80 DM
Band Nr. 197

Der Psalter
Bilderhandschrift um 1270
Herausgegeben v. H. Appuhn
72 Seiten, davon 42 Farbseiten
16,80 DM
Band Nr. 198

Werner Bokelberg (Hrsg.)
Sisis Familienalbum
Private Photographien
der Kaiserin Elisabeth
Erläuterung und Einführung
von Brigitte Hamann
153 Seiten, 119 Abb.
19,80 DM
Band Nr. 199

Aus besten Kreisen
Satirische Bilder
aus dem Empire
Nach der Ausgabe
des „Bon Genre" von 1827
Nachwort v. Gretel Wagner
139 Seiten, 110 farbige Abb.
19,80 DM
Band Nr. 202

Ernst Birsner
Königliche Tafelfreuden
Menükarten
europäischer Höfe
168 Seiten, 70 farbige Abb.
16,80 DM
Band Nr. 203

Jeannot Simmen
Ruinen-Faszination
In der Graphik
vom 16. Jahrhundert
bis in die Gegenwart
225 Seiten, 115 teilweise
farbige Abb., 14,80 DM
Band Nr. 204

F. Bernhard / F. Glotzmann
Fromme Bilderlust
Miniaturen
auf kleinen Andachtsbildern
205 Seiten, 97 farbige Abb.
16,80 DM
Band Nr. 205

Werner Bokelberg (Hrsg.)
Sisis Schönheitenalbum
Private Photographien
der Kaiserin Elisabeth
Erläutert v. Brigitte Hamann
168 Seiten, 129 Abb.
19,80 DM
Band Nr. 206

Rudolph Zacharias Becker
Noth- und Hülfsbüchlein
für Bauersleute
Nachdruck der Erstausgabe
von 1788
Herausgegeben u. Nachwort
von Reinhart Siegert
499 Seiten, zahlreiche
Holzschnittillustrationen
14,80 DM
Band Nr. 207

Ruth Bleckwenn (Hrsg.)
Gazette du Bon Ton
Aus dem ersten Jahrgang
der Modezeitschrift
1912–1913
184 Seiten, davon 60 Farbseiten
16,80 DM
Band Nr. 210

F. L. Wilder
Sport für Gentlemen
Alte Druckgraphik
aus England
231 Seiten, 95 farbige Abb.
19,80 DM
Band Nr. 211

Gisela Zick
Gedenke mein
Freundschafts- und
Memorialschmuck
1770–1870
181 Seiten, 64, großenteils
farbige Tafeln, 16,80 DM
Band Nr. 212

Christlicher Seelen-Schatz
Außerlesener Gebetter
Gebetbuch für
Kurfürst Clemens August
Nachdruck der Ausgabe
von 1729
Nachwort v. W. Hansmann
und G. Knopp
277 Seiten, zahlreiche Abb.
14,80 DM
Band Nr. 214

Rolf D. Schwarz
Neon
Leuchtreklame in den USA
112 Seiten, 88 Farbtafeln
19,80 DM
Band Nr. 216

John Thomson
Street-life in London
Eine Fotoreportage
aus dem Jahre 1876
Mit Nachdruck der engl.
Kommentare v. J. Thomson
und Adolphe Smith
181 Seiten, 36 Abb.
14,80 DM
Band Nr. 217

Wolfgang Lauter
Schöne Laden-
und Wirtshausschilder
131 Seiten, 69 Farbtafeln
16,80 DM
Band Nr. 218

Jost Amman
Die Frauenzimmer
Die Frauen Europas
und ihre Trachten
Nachdruck der Erstausgabe
von 1586
Nachwort von
Curt Grützmacher
276 Seiten, 124 Holzschnitt-
illustrationen, 9,80 DM
Band Nr. 219

Vom Hosenbandorden
zur Ehrenlegion
Die historischen Ritter- und
Verdienstorden Europas
gesammelt von A. M. Perrot
Nachdruck der deutschen
Ausgabe Leipzig 1821
Nachwort von Armin Wolf
305 Seiten, 39 Farbtafeln
16,80 DM
Band Nr. 220

Casanova-Galerie
48 Szenen aus den Memoiren
des Chevalier de Seingalt
Nach Entwürfen v. J. Nisle
Nachdruck der Buchausgabe
um 1840
241 Seiten, 16,80 DM
Band Nr. 221

Ernst H. Berninger (Hrsg.)
Das Buch vom Bergbau
Miniaturen aus dem
„Schwazer Bergbuch"
187 Seiten, 88 farbige Abb.
19,80 DM
Band Nr. 222

Ansichten
der Ferdinands-Nordbahn
Nachdruck der kolorierten
Panoramen um 1840
Nachwort v. E. Woldan
3 herausklappb. Panoramen
60 Seiten, 19,80 DM
Band Nr. 223

Johann Heinrich Ramberg
Tyll Eulenspiegel
In 55 Radierungen
Text nach der
Jahrmarktsausgabe
Nachdruck der Ausgabe
von 1863
Nachwort v. G. Bollenbeck
165 Seiten, 12,80 DM
Band Nr. 224

Immerwährender Kalender
für die tüchtige Hausfrau
99 Seiten, davon
24 Farbseiten, 9,80 DM
Band Nr. 225

Frieder Mellinghoff
Aufbruch in das
mobile Jahrhundert
Verkehrsmittel auf Plakaten
163 Seiten, 75 farbige Abb.
19,80 DM
Band Nr. 226

Leopold Reutlinger
Die Schönen von Paris
140 Photographien
aus der Belle Époque

Herausgegeben v. R. Lebeck
Nachwort von N. Neumann
279 Seiten, 24,80 DM
Band Nr. 227

Die schönsten Kimonos
Ein Musterbuch
aus dem 19. Jahrhundert
Nachwort von Peter Thiele
67 Seiten, davon
50 Farbseiten, 16,80 DM
Band Nr. 228

Robert Lebeck (Hrsg.)
**Alte Reklame –
Made in USA**
Nachwort von G. Kaufmann
180 Seiten, 80 farbige Abb.
16,80 DM
Band Nr. 230

Hans Bleckwenn
Altpreußische Uniformen
1753–1786
141 Seiten, davon 60 Farbseiten
16,80 DM
Band Nr. 231

Matthias Heimbach
Schaubühne des Todes
Leichenreden
Nachdruck der Bearbeitung
von G. M. Schuler
aus dem Jahre 1865
Nachwort von J. Székely
502 Seiten, 14,80 DM
Band Nr. 233

Bella Napoli
Neapolitanisches Volksleben
in kolorierten Lithographien
von Gaetano Dura
Mit dem Aufsatz „Neapel"
von Ferdinand Gregorovius
125 Seiten, 40 Farbtafeln
16,80 DM
Band Nr. 234

H. A. Eckert / D. Monten
Das deutsche Bundesheer
und das Militär der Schweiz
Nach dem Uniformwerk
aus den Jahren 1838–1842
Bearbeitung v. G. Ortenburg
Band 1:
Preußen – Mecklenburg
ca. 170 Seiten, 71 Farbtafeln
19,80 DM
Band Nr. 235
Erscheint April 1981

Band 2:
Sachsen – Thüringische
Staaten-Anhalt
Hessen-Kassel
ca. 150 Seiten, 73 Farbtafeln

19,80 DM
Band Nr. 244
Erscheint Mai 1981

Band 3:
Österreich–Liechtenstein–
Schweiz
ca. 140 Seiten, 65 Farbtafeln
19,80 DM
Band Nr. 251
Erscheint Juli 1981

Band 4:
Hannover–Braunschweig–
Oldenburg–Lippe–Waldeck–
Hansestädte–Holstein
ca. 160 Seiten, 82 Farbtafeln
19,80 DM
Band Nr. 258
Erscheint Juni 1981

Band 5:
Württemberg–Baden–
Hessen-Darmstadt–
Hohenzollern
ca. 170 Seiten, 75 Farbtafeln
19,80 DM
Band Nr. 264
Erscheint August 1981

Band 6:
Bayern–Nassau–Frankfurt
ca. 150 Seiten, 70 Farbtafeln
19,80 DM
Band Nr. 269
Erscheint September 1981

H. Fritz / M. Fritz (Hrsg.)
Blechspielzeug
in Farbaufnahmen
von Elke Dröscher
Nachwort der Herausgeber
ca. 190 Seiten, davon
80 Farbseiten, 19,80 DM
Band Nr. 236
Erscheint April 1981

Joseph Dinkel
**Wagenmoden im
Biedermeier**
Stadtwagen, Reise- und
Sportfahrzeuge zwischen
1830 / 1840
Erläuterung und Nachwort
von Rudolf H. Wackernagel
ca. 150 Seiten, 61 Farbtafeln
19,80 DM
Band Nr. 239
Erscheint April 1981

Matthias Diesel
Kurbayerische Schlösser
Nach der Vedutenfolge
um 1720
Erläuterung und Nachwort
von Peter Volk

ca. 70 Seiten, 35 Tafeln
12,80 DM
Band Nr. 240
Erscheint April 1981

Ladies, Lords und Liederjane
Präsentiert von H. Schlüter
ca. 210 Seiten, 171 Abb.
14,80 DM
Band Nr. 241
Erscheint Mai 1981

Robert Lebeck (Hrsg.)
Das Zweirad
Postkarten aus alter Zeit
Nachwort von Jost Pietsch
ca. 180 Seiten, 64, meist
farbige Abb., 16,80 DM
Band Nr. 242
Erscheint Mai 1981

*Detlef Hoffmann /
Margot Dietrich*
**Die Dondorf'schen
Luxus-Spielkarten**
ca. 200 Seiten, 80 Farbtafeln
19,80 DM
Band Nr. 243
Erscheint Mai 1981

Heinz Schomann (Hrsg.)
Kaisergalerie
Die Herrscherporträts
des Kaisersaals
im Frankfurter Römer
ca. 96 Seiten, 52 Farbtafeln
16,80 DM
Band Nr. 248
Erscheint Juni 1981

Benedikt Fred Dolbin
Zeitgenossen
Porträts aus der
Weimarer Republik
Herausgegeben v. A. Kutsch
ca. 320 Seiten, 150 Abb.
14,80 DM
Band Nr. 249
Erscheint Juni 1981

Udo Andersohn
**Musiktitel
aus dem Jugendstil**
64 Beispiele aus den
Jahren 1886 bis 1918
ca. 180 Seiten, 64 Farbtafeln
16,80 DM
Band Nr. 250
Erscheint Juni 1981

*Ulrich Feuerhorst /
Holger Steinle*
Email-Plakate
ca. 140 Seiten, davon
ca. 40 Farbseiten, ca. 15 Abb.

16,80 DM
Band Nr. 252
Erscheint Juni 1981

Lotte Maier
Militärmarken
ca. 180 Seiten,
ca. 80 Farbtafeln, 19,80 DM
Band Nr. 253
Erscheint Juli 1981

Elke Dröscher (Hrsg.)
Puppengrüße
Alte Postkarten
ca. 180 Seiten, 72, meist
farbige Abb., 16,80 DM
Band Nr. 254
Erscheint Juli 1981

Honoré Daumier
Badefreuden mit Daumier
27 kolorierte Lithographien
Nachwort v. G. Unverfehrt
75 Seiten, 14,80 DM
Band Nr. 256
Erscheint Juli 1981

Philip Rawson
Erotische Kunst aus Indien
Miniaturen
aus drei Jahrhunderten
ca. 100 Seiten, 40 Farbtafeln
14,80 DM
Band Nr. 257
Erscheint Juli 1981

Bildarchiv
Preußischer Kulturbesitz,
Berlin (Hrsg.)
Juden in Preußen
Band 1:
Eine Chronik in Bildern
Von Roland Klemig
und Konrad Zwingmann
ca. 360 Seiten, zahlreiche
Abb., 19,80 DM
Band Nr. 259
Erscheint August 1981

Band 2:
Biographisches Verzeichnis
Von Ernst G. Lowenthal
ca. 400 Seiten
zahlreiche Abb., 19,80 DM
Band Nr. 260
Erscheint August 1981

Neueingerichtetes
Zwergenkabinett
Nach den 50 Kupferstichen
der deutschen Ausgabe
um 1720
Nachwort v. C. Grützmacher
ca. 120 Seiten, 50 Farbtafeln
16,80 DM
Band Nr. 262
Erscheint August 1981

Werner Bokelberg (Hrsg.)
Sisis Künstleralbum
Private Photographien
aus dem Besitz
der Kaiserin Elisabeth
Erläuterung und Einleitung
von Brigitte Hamann
ca. 150 Seiten, ca. 120 Abb.
19,80 DM
Band Nr. 266
Erscheint September 1981

Heilsspiegel
Die Bilder des mittelalter-
lichen Erbauungsbuches
„Speculum humanae
salvationis"
Nach der Handschrift der
Hessischen Landes- und
Hochschulbibliothek
in Darmstadt
Herausgegeben
von Horst Appuhn
ca. 120 Seiten, davon
80 Farbseiten, 19,80 DM
Band Nr. 267
Erscheint September 1981

Johannes Bayer
Sternzeichen und Sternbilder
Die Tafeln der ersten
Ausgabe aus dem Jahre 1603
Erläutert und Nachwort
von Karl Helmer
ca. 215 Seiten, davon
103 Bildseiten, 14,80 DM
Band Nr. 268
Erscheint September 1981

Geschichte
und Gesellschaft

Kladderadatsch
1. Jahrgang – 1848
140 Seiten, 82 Abb.
6,80 DM
Band Nr. 3

Theodore de Bry
Das vierdte Buch
von der neuwen Welt
Nach der Ausgabe von 1594
194 Seiten, 26 Abb., 9,80 DM
Band Nr. 10

Kaiser-Wilhelm-Album
Chronologie von H. Höfener
180 Seiten, 82 Abb.
12,80 DM
Band Nr. 34

Machiavelli/Friedrich II.
Regierungskunst eines
Fürsten/Anti-Machiavel
Nach der Ausgabe von 1745
Nachwort v. Heiner Höfener
556 Seiten, 16,80 DM
Band Nr. 50

Die Schedelsche Weltchronik
Nach der Ausgabe von 1493
Nachwort v. Rudolf Pörtner
ca. 2000 Holzschnitte
von M. Wolgemut und
W. Pleydenwurff
16,80 DM
Band Nr. 64

Hugo Gerard Ströhl
Wappen und Flaggen
des Deutschen Reiches
und seiner Bundesstaaten
(1871–1918)
Nach den Tafeln von 1897
Zusammengestellt und
erläutert von Jürgen Arndt
116 Seiten, 41 Farbtafeln
14,80 DM
Band Nr. 81

Die Goldene Bulle
Nach König Wenzels
Prachthandschrift
Mit der deutschen Über-
setzung von Konrad Müller
Nachwort von F. Seibt
158 Seiten
davon 92 Farbseiten
16,80 DM
Band Nr. 84

**Triumphzug
Kaiser Maximilians I.**
Bilderfries aus 137 Holz-
schnitten von A. Altdorfer,
Hans Burgkmair d. Ä.,
Albrecht Dürer u. a.
Herausgegeben von
Horst Appuhn
205 Seiten, 137 Abb.
9,80 DM
Band Nr. 100

Ludwig A. C. Martin (Hrsg.)
**Hundert Jahre
Weltsensation in Pressefotos**
362 Seiten, 351 Abb.
14,80 DM
Band Nr. 120

Philipp Franz von Gudenus
**Reiter, Husaren
und Grenadiere**
Die Uniformen der
Kaiserlichen Armee 1734
Bearbeitung und Texte
von Hans Bleckwenn
93 Seiten, 40 Farbtafeln
14,80 DM
Band Nr. 125

*Robert Lebeck /
Manfred Schütte (Hrsg.)*
Propagandapostkarten I
80 Postkarten
aus den Jahren 1898–1928
185 Seiten, 16,80 DM
Band Nr. 154

*Robert Lebeck /
Manfred Schütte (Hrsg.)*
Propagandapostkarten II
80 Postkarten aus den
Jahren 1933–1943
180 Seiten, 16,80 DM
Band Nr. 157

C. P. Maurenbrecher (Hrsg.)
Europäische Kaufrufe I
Mitteleuropa, England,
Rußland
200 Seiten, 93, großenteils
farbige Abb., 19,80 DM
Band Nr. 163

C. P. Maurenbrecher (Hrsg.)
Europäische Kaufrufe II
Frankreich, Italien,
Iberische Halbinsel,
Konstantinopel
180 Seiten, 83, teilweise
farbige Abb., 16,80 DM
Band Nr. 172

**Dreihundert berühmte
deutsche Männer**
Bildnisse und Lebensabrisse
Nach der Ausgabe von 1890

Illustrationen v. H. Bürkner
Herausgegeben v. H. Göbels
345 Seiten, 9,80 DM
Band Nr. 174

Ruth Malhotra
Horror-Galerie
Ein Bestiarium der Dritten
Französischen Republik
180 Seiten, 51 farbige Abb.
16,80 DM
Band Nr. 194

Rudolph Zacharias Becker
**Noth- und Hülfsbüchlein
für Bauersleute**
Nachdruck der Erstausgabe
von 1788
Herausgegeben und Nachwort
von Reinhart Siegert
499 Seiten, zahlreiche
Holzschnittillustrationen
14,80 DM
Band Nr. 207

John Thomson
Street-life in London
Eine Fotoreportage
aus dem Jahre 1876
Mit Nachdruck der engl.
Kommentare v. J. Thompson
und Adolphe Smith
181 Seiten, 36 Abb.
14,80 DM
Band Nr. 217

**Vom Hosenbandorden
zur Ehrenlegion**
Die historischen Ritter- und
Verdienstorden Europas
gesammelt von A. M. Perrot
Nachdruck der deutschen
Ausgabe Leipzig 1821
Nachwort von Armin Wolf
305 Seiten, 39 Farbtafeln
16,80 DM
Band Nr. 220

Hans Bleckwenn
Altpreußische Uniformen
1753–1786
141 Seiten
davon 60 Farbseiten
16,80 DM
Band Nr. 231

Matthias Heimbach
Schaubühne des Todes
Leichenreden
Nachdruck der Bearbeitung
von G. M. Schuler
aus dem Jahre 1865
Nachwort von J. Székely
502 Seiten, 14,80 DM
Band Nr. 233

H. A. Eckert / D. Monten
Das deutsche Bundesheer
und das Militär der Schweiz
Nach dem Uniformwerk
aus den Jahren 1838–1842
Bearbeitung v. G. Ortenburg
Band 1:
Preußen–Mecklenburg
ca. 170 Seiten, 71 Farbtafeln
19,80 DM
Band Nr. 235
Erscheint April 1981

Band 2:
Sachsen–Thüringische
Staaten–Anhalt–
Hessen-Kassel
ca. 150 Seiten, 73 Farbtafeln
19,80 DM
Band Nr. 244
Erscheint Mai 1981

Band 3:
Österreich–Liechtenstein–
Schweiz
ca. 140 Seiten, 65 Farbtafeln
19,80 DM
Band Nr. 251
Erscheint Juli 1981

Band 4:
Hannover–Braunschweig–
Oldenburg–Lippe–Waldeck–
Hansestädte–Holstein
ca. 160 Seiten, 82 Farbtafeln
19,80 DM
Band Nr. 258
Erscheint Juni 1981

Band 5:
Württemberg–Baden–
Hessen-Darmstadt–
Hohenzollern
ca. 170 Seiten, 75 Farbtafeln
19,80 DM
Band Nr. 264
Erscheint August 1981

Band 6:
Bayern–Nassau–Frankfurt
ca. 150 Seiten, 70 Farbtafeln
19,80 DM
Band Nr. 269
Erscheint September 1981

Heinz Schomann (Hrsg.)
Kaisergalerie
Die Herrscherporträts
des Kaisersaals
im Frankfurter Römer
ca. 96 Seiten, 52 Farbtafeln
16,80 DM
Band Nr. 248
Erscheint Juni 1981